AI와 UX 디자인

인공지능총서

인공지능 시대입니다. 기계가 인간의 인지를 대신하고, 사물이 인간을 통하지 않고 다른 사물과 직접 커뮤니케이션합니다. 이에 따른 인간 삶과 문명 변화를 정확히 이해 · 예측 · 대응하는 것은 이 시대 우리 모두의 과제입니다. 인공지능총서는 인공지능 기술과 환경의 여러 주제를 10가지 키워드로 정리합니다. 관련 개념과 이론, 학계와 산업계의 쟁점, 우리 일상의 변화를 다룹니다. 인간과 기술의 현재, 미래를 세심히 분석합니다.

일러두기

- 인명, 작품명, 저서명, 개념어 등은 한글과 함께 괄호 안에 해당 국가의 원어를 병기했습니다.
- 외래어 표기는 현행 어문규정의 외래어표기법을 따랐습니다. 다만 일부 업계에서 사용되는 용어는 관행을 따랐습니다.

처음이세요?

전문가세요?

지금, 큐알 찍으면

🎁 AI 입문서 바로 선물

📚 당신만의 필독서 추천

📖 500권 요약본 공짜

🎧 오디오북 무료 사용

AI와 UX 디자인

김향아

대한민국, 서울, 커뮤니케이션북스, 2025

AI와 UX 디자인

지은이 김향아
펴낸이 박영률

초판 1쇄 펴낸날 2025년 6월 4일

커뮤니케이션북스(주)
출판 등록 2007년 8월 17일 제313-2007-000166호
02880 서울시 성북구 성북로 5-11
전화(02) 7474 001, 팩스(02) 736 5047
commbooks@commbooks.com
www.commbooks.com

ISBN 979-11-430-0143-6 03500

책값은 뒤표지에 표시되어 있습니다.

차례

인공지능이 UX 디자인에 가져온 변화 xi

01 목표 사용자 1

02 관찰 11

03 인터뷰 19

04 다이어리와 그 밖의 사용자 리서치 방법 27

05 어피니티 다이어그램 35

06 퍼소나 43

07 경험 모델링 51

08 프로토타이핑 61

09 디자인 평가 71

10 인공지능 시대의 UX 디자이너 79

인공지능이 UX 디자인에 가져온 변화

도널드 노먼(Donald A. Norman)은 『디자인과 인간 심리(The Design of Everyday Things)』에서 '사용자 경험(User Experience, UX)'은 제품이나 시스템을 사용하는 동안 사용자가 겪는 모든 상호작용을 포함한 경험의 총합이라고 정의했다(노먼, 2016). 사용자 경험에 대한 포괄적인 정의이자 UX의 출발점이 무엇인지 분명하게 알려주는 정의다.

모바일 앱(Mobile app)을 중심으로 산업이 성장하면서 UX 디자인을 좁게는 앱 디자인 정도로 생각하는 경우가 많다. 모바일 산업의 성장과 경제적 중요성으로 인해 많은 UX 디자인의 결과물이 앱의 형태로 도출되고 있는 것은 사실이다. 그러나 UX 디자인은 사용자가 제품 또는 시스템과 상호작용하는 모든 것에 관여하는 디자인이다.

UX 디자인이 무엇인지에 대해 논하기 시작하면 자연스레 하나의 질문이 제기된다. "결과물의 형태가 정의되지 않은 디자인이 UX 디자인이라면, 다른 전통적이고 견고한 디자인 분야들과의 차이는 무엇인가?" 제품 디자인과 제품 디자인을 결과물로 도출하는 UX 디자인은 무슨 차이가 있을까? 결과물이 똑같은 제품이라면 제품 디자인이라 명명해야 맞을 것이다.

제품 디자인과 제품을 디자인하는 UX 디자인의 차이는 최종 결과물의 형태가 아닌 '디자인 프로세스'에 있다. 디자인 프로세스는 문제를 정의하고 이를 해결해 나가는 과정이므로, 해결 방법이 같은 제품이라도 UX 디자인과 제품 디자인의 차이는 디자인 문제(Design Problem)에 있다(Simon, 1969). 즉, 문제를 찾는 과정에서 정의된 디자인 문제가 다르다는 것이다.

제품 디자인의 경우, 시장 조사(Market Research)를 통해 문제를 정의하는 경우가 대부분이다. 실제 제품 디자이너들은 클라이언트가 요구하는 디자인을 위해 시장을 조사하고 문제점을 찾는다. 목전의 문제 해결이 필요한 제품이 대부분이다. 기존 제품의 문제점과 한계를 찾아내고, 시장이 요구하는 새로운 필요(Needs)를 발견해 디자인 문제를 정의한다.

반면 UX 디자인은 '사용자'를 먼저 정의한다. 어떤 사람을 대상으로 하는지를 먼저 결정하고, 그 사람의 경험에서 문제를 찾기 시작한다. 특정 주제를 중심으로 문제를 찾기도 한다. 즉, 시작점은 주제와 사용자다. UX 디자인은 어느 디자인 분야보다 많은 디자인 방법론을 사용한다. 많은 시간과 자원이 요구된다. 디자인 리서치에 대한 투자는 디자인 회사의 역량에 따라 다르다. 규모가 크고 인력이 다양한 디자인 회사는 선행 디자인 리서치부터 다양한 리서치를 통해 디자인 역량을 축적한다. 이에 반해 회사의 규모가 작고 자원의 제약이 클수록 리서치에 대한 부담이 클 수밖에 없다.

리서치는 경제적 자원만 소모하는 것이 아니다. UX 디자인을 배우기 시작한 학생들은 실제 발로 뛰며 필드스터디를 진행한다. 각 리서치 방법에 필요한 시간은 큰 부담이 된다.

인공지능을 활용한 사용자 리서치

이 책은 'UX 디자인에서 자원이 가장 많이 요구되는 디자인 리서치를 인공지능이 도와줄 수 있을까'라는 질문에서 시작되었다. 지금까지 디자인 분야에서 인공지능은 도전이나 위협적 존재로 인식되어 왔다. 많은 디자인 분야가 인공지능으로 대체되지 않을까 하는 두려움은 디자이너로 하여금 위기의식을 갖게 했다. 이 책은 인공지능으로 디자이너의 능력을 강화할 수 있는 방법을 모색해 본 과정이다. 이를 위해 먼저 UX 디자인에서 보편적으로 많이 사용되는 관찰, 인터뷰, 다이어리 기법 등 디자인 리서치 방법에서 인공지능을 활용하는 과정을 서술했다.

디자이너가 인공지능 툴을 사용하기 어려운 여러 이유 중 하나는 어떤 툴이 존재하는지 모르고, 각각의 툴이 어떤 상황에서 어떤 방식으로 활용되는지 모르기 때문이다. 이러한 어려움을 해소하기 위해 리서치를 설계하고 적용하는 과정의 실례로 노년층을 위한 뱅킹 서비스 디자인을 가정했다. 생성형 인공지능 툴을 사용하는 경우에는 프롬프트를 가능한 한 있는 그대로 옮겼다. 인공지능 툴은 하루가 다르게 발전하고 있다. 같은 버전을 같은 시기에 사용하더라도 답변은 다를 수 있다. 인공지능에서 생성된 답변은 요점으로 정리했다.

인공지능을 활용한 분석 과정

이 책은 디자인 리서치뿐 아니라 리서치 이후의 분석 과정도 다루었다. 디자인 프로세스는 문제를 정의하고 해결책을 도출하는 과정이 명확히 구분되지 않는다. 해결안에서 문제점을 찾고, 다시 이를 해결하는 반복적 과정(Iterative Process)이다(Lawson, 2005; Schon, 2017).

분석 방법으로 사용되는 어피니티 다이어그램(Affinity Diagram), 퍼소나(Persona), 경험 모델링(Experience Modeling) 등에서도 문제의 정의와 아이디어들이 도출될 수 있다.

구체적으로는, 어떤 방법론이 적용되었을 때 결과물의 성격이 명확하지 않다. 어피니티 다이어그램의 경우, 사용자 리서치 데이터를 분석하기 위해 사용된다. 데이터를 유사도에 따라 분류하는 과정에서 인사이트(Insight)를 얻는다. 그것은 사용자 경험에 대한 깊은 이해를 주기도 하고, 새로운 아이디어를 제시하기도 한다. 특정 사용자 경험에 대한 이해도를 높이겠다는 목표를 미리 설정할 수 있지만, 수행 전에는 그 결과물이 정확히 무엇인지 확신하기 어렵다. 정확한 결과물을 정의하기 어려운 상황에서 인공지능을 사용하는 것은 무척 난감한 일이다. 더구나 데이터 정리가 목적이 아니라 그 과정에서 무언가를 발견해야 하는 경우는 인공지능에게 어떤 도움을 받아야 할지 막막하다. 얻고자 하는 결과물을 명확히 정의할 수 있는 경우에는 프롬프트로 요청하면 되지만, 그 과정에서 얻어지는 산출물이 무엇일지 모르는 상황에서는 요청하기가 어렵다.

이러한 과정에서 인공지능의 활용은 제한적이고 반복

적이다. 제한적이라는 것은 결과물을 얻기 위해 인공지능을 사용하지 않는다는 것을 의미한다. 불필요한 시간과 자원을 줄이는 방향에서만 인공지능을 활용한다. 여기에서 인공지능 툴은 넓은 의미에서의 디지털 툴로 확대되기도 했다. 고급 인공지능 기술을 사용하지 않더라도 실무자 입장에서 업무를 간소화하는 툴들을 모두 포함했다. 특히, 시간과 공간 제약이 큰 협업에서 디자인 프로세스를 변화시키는 플랫폼들을 모두 포함했다.

반복적이라는 것은 한 번에 빠르게 결과를 얻어 내는 것이 아니라 여러 차례 수행되어야 함을 의미한다. 이는 실제 디자인 프로세스와 유사하다. 디자인 프로세스가 선형으로 이뤄지지 않고 반복적인 수정으로 이뤄지는 것은 디자이너의 사고 과정에서 비롯된다(Cross, 2024). 문제가 처음부터 정확히 정의되는 것이 아니라 문제 정의 과정이 하나의 디자인 프로세스이기 때문이다. 인공지능을 활용하는 것도 문제를 정의하는 과정에서 사용된다. 생성된 결과를 반복적으로 수정할 수 있는 생성형 인공지능의 장점이 부각되기도 했다. 이러한 반복 적용 과정은 각 장에서 서술했다.

인공지능을 활용한 디자인 프로세스

디자인 결과가 시각적으로 표현되는 프로토타이핑 과정과 디자인 평가에서도 인공지능은 활용된다. 실제 결과물이 도출되는 과정이기 때문에 인공지능의 역할이 시각적으로 가장 잘 드러난다. UX 디자인은 어느 디자인 분야보다 과정이 중요하기 때문에 결과물만으로 인공지능의 역할이나, 인공지능이 UX 디자이너를 대체할 수 있을 것인지를 논하는 것은 위험하다. 물론 인공지능이 시각적으로 보여 주는 디자인 능력은 위협적이다. 어설프지 않고, 제법 그럴듯한 와이어프레임(Wireframe)이 생성될 때마다 디자이너의 손뿐만 아니라 사고까지 대체되는 것이 아닌가 하는 두려움이 생기는 것은 당연한 일이다. 본 인공지능 총서의 특성상 이미지를 배제하기 때문에, 실제 생성되는 이미지를 첨부하지 못한 점이 아쉽지만, 이 책을 읽는 독자들은 책에서 소개되는 툴들을 직접 사용해 보면서 인공지능이 어디까지 해낼 수 있는지를 꼭 경험해 보기를 권한다. 가능하다면 실제 디자인 과정에서 사용하길 권한다. 인공지능의 역할을 직접 체감해야만 보다 구체적으로 UX 디자이너의 향후 역할에 대한 고민이 시작될 수 있을 것이다.

디자인 프로세스에서 디자인 평가는 반복적으로 일어

난다. 디자이너 개인의 평가에서부터 팀 단위의 크고 작은 평가에 이르기까지 평가는 수차 진행된다. 평가 과정에서 가장 어려운 일은 신뢰할 만한 평가의 근거인데, 인공지능을 활용한 평가 툴들은 정량적 평가 근거 마련에 아주 유용하다. 데이터를 바탕으로, 시각적 결과물들에 대한 평가 지표와 점수를 제공하고, 개선 방향까지 제안한다. 이들 데이터가 실제 디자인 프로세스에서 얼마나 쓸모 있을지는 디자인 프로젝트 특성과 목적에 따라 다르겠지만, 객관적 데이터를 바탕으로 디자인을 평가할 방법을 마련해 주는 것은 디자이너에게 매우 반가운 일이다.

UX 디자이너의 역할 변화

인공지능의 발달은 UX 디자인 영역에도 큰 변화를 일으키고 있다. 인공지능은 디자인 리서치부터 분석, 프로토타이핑, 평가에 이르기까지 디자인 전 과정에서 그 영역을 확장해 나가고 있다. 인공지능은 단순히 디자인 프로세스의 속도를 높이는 데 그치지 않고, 각 디자이너의 업무 방식의 변화, 나아가 협업의 형태 변화까지 이끌고 있다. 이제 두려움에 사로잡혀 있기보다 새로운 역할을 고민해야 할 때다. 마지막 장에서, 인공지능이 UX 디자이너에게 어떤 새로운 옷을 입혀 줄 것인가에 대한 논의를 끝으로 이 책을 마무리했다.

참고문헌

노먼, 도널드(2016). 『도널드 노먼의 디자인과 인간 심리』. 학지사.

Cross, N.(2024). *Designerly ways of knowing and thinking.* Springer.

Lawson, B.(2005). *How designers think: The design process demystified.* Routledge.

Schon, D. A.(2017). *The reflective practitioner: How professionals think in action.* Routledge.

Simon, H. A.(1969). *The sciences of the artificial.* MIT Press.

01
목표 사용자

UX 디자인은 목표 사용자의 정의에서 시작한다. 특정 사용자 그룹을 목표 사용자로 설정하는 과정에서 그 특성을 구체적으로 하나씩 정의하기 위해 생성형 인공지능을 활용했다. 기존 자료를 찾아 체계적으로 정리해 주는 인공지능의 기능을 바탕으로 빠르게 목표 사용자 그룹을 결정하는 기준들을 정의해 나갈 수 있다.

AI와 1인 창업?

목표 사용자 구체화

UX 디자인의 가장 큰 특징은 사용자 정의에서 시작한다는 점이다. 대부분의 전통적 디자인 분야들은 결론인 디자인 결과물의 형태가 정의된 상태에서 시작되지만 UX 디자인은 다르다. UX 디자인은 말 그대로 사용자의 경험을 디자인하는 것이기 때문에 디자인 대상인 사용자를 정하는 것이 가장 먼저다.

인공지능의 역할을 보다 구체적인 디자인 상황에서 알아보기 위해, 시니어 세대를 위한 뱅킹 서비스 디자인 프로젝트를 시작했다고 가정해 보자. 프로젝트마다 차이는 있겠지만, 시니어 세대라는 큰 범주의 사용자와, 뱅킹이라는 주제는 UX 디자인 프로젝트 시작과 함께 주어지는 경우가 대부분이다.

이제 시니어 세대가 가지는 특징에 대한 조사가 필요하다. 주제인 뱅킹은 잠시 접어 두고, 시니어 세대에 대한 넓은 의미에서의 조사가 필요하다. 먼저 시니어 세대의 정의는 나이를 기준으로 이뤄지므로, 프로젝트에서의 그 기준을 어떻게 잡을 것인지 정해야 한다. 정답이 있는 것이 아니라 고령화 시대에 맞게 적절한 정의를 찾아야 한다. 이를 위해 한국의 정년인 만 65세를 기준으로 자료를 찾아 달라고 해 보자.

챗GPT에게 "65세 이상의 노년층의 자산, 월 소득 및 교육 수준을 조사해 달라"고 요청한다. 그러면 챗GPT는 이들이 유동성이 없는 부동산 자산을 중심으로 4.5억 정도의 자산을 보유하고 있으며, 월 소득은 생활비보다 적기 때문에 소득 활동을 필요로 하며, 평생 교육 프로그램에 대한 관심이 크다는 내용을 기사와 통계청 자료를 바탕으로 찾아 준다(통계청, 2023). 사용자의 경제적 상황은 우리의 주제인 "뱅킹"과 직접적 관련이 있는 부분이므로 매우 중요하다. 물론 통계적인 평균값이므로, 사용자의 실제 데이터와 크게 다를 수 있다. 예를 들어, 자산 평균 4.5억은 그 이상의 고소득층이나 그 이하의 저소득층으로 인해 실제로는 4.5억 수준의 자산을 가진 노년층이 일부일 수 있다.

이러한 통계적 오류를 극복하기 위해서는 일반적인 통계적 평균값을 가지고 사용자를 정의하기보다 사용자의 행동 특성으로 구분되는 평균값을 찾는 것이 중요하다. 이를 위해 우리의 목표 사용자인 한국의 65세 이상의 노년층의 은행 금융 거래 횟수와 방법에 대한 데이터를 요청해 볼 수 있다.

챗GPT에게 "한국의 65세 이상의 노년층에 대한 은행 금융 거래 횟수와 방법을 조사해 달라"고 요청하면, 다수의 뉴스 기사를 바탕으로 이들의 금융 거래 횟수, 방법 및 주요 거래 내용을 보여준다. 단, 챗GPT를 비롯한 생성형 인공지능의 답변을 사용할 때는 이를 검증해야 한다. 검증의 방법은 간단하다. 답변에서 인용된 원본 기사를 확인해 정리된 내용이 일치하는지 확인한다.

먼저 금융 거래 횟수와 방법에 대해 확인해 보자. 인용된 기사를 보면, 기사의 근거 자료가 통계청에서 발행하는 '2022년 KOSTAT 통계플러스 봄호'라는 것을 명시하고 있다(통계청, 2022). 기사 내용이 이 통계청 발행 자료를 요약한 것이므로, 원본 자료를 찾아 읽고 누락된 정보가 없는지 확인하는 것이 좋다. 2022년 KOSTAT 통계플러스 봄호를 확인해 보면 "노인층의 금융 거래 불편함을 돈으로 환산한다면?"이라는 세부 자료에서 신한은행과 통계청이 협약을 맺고 금융 데이터를 분석한 자료를 찾을 수 있다. 이 통계청 발행 자료를 통해, 뉴스 기사에서는 알 수 없었던, 온라인만 사용해 은행 서비스를 이용하는 노년층이 전체의 8%에 불과하다는 사실을 알 수 있다. 이를 다시 정리하면 다음과 같다.

* 노년층의 8%는 온라인 채널을 통해서만 금융 거래를 한다.

* 노년층의 70%는 대면 거래를 통해서만 금융 거래를 한다.

* 노년층의 22%는 대면 거래와 온라인 채널을 모두 사용한다.

여기서 우리는 우리의 목표 사용자 그룹을 정의하는데 금융 거래 채널이 기준이 될 수 있음을 알 수 있다. 그렇다면 어떤 채널을 사용하는 사용자 그룹이 의미가 있을까? 이에 대한 답은 디자인 목표에 따라 달라진다. 디자인 목표가 대면 거래의 불편함을 감소하는 것이라면 대면 거래를 통해서만 금융 거래를 하는 노년층의 70%를 선택해야 하지만, 노년층의 온라인 채널 활성화라면 대면 거래와 온라인 채널을 모두 사용하는 노년층을 선택해야 할 것이다.

클라이언트 관점에서 봤을 때는, 어떤 사용자 그룹이 더 경제적 의미가 있는지 알 수 있다. 비율로만 보자면, 70%의 노년층이 대면 거래만을 이용하기 때문에 이들을 선택해 대면 거래의 불편함을 줄이는 것이 바람직할 수 있다. 하지만 각 사용자 그룹의 경제적 가치를 확인하자면 더 많은 정보가 필요하다.

다시 통계청의 자료로 돌아가서, 자산 규모에 따른 거래 채널 비율과 방문 횟수를 확인해 보면, 자산이 높을수록 방문 횟수는 많고, 온라인과 대면 거래를 모두 사용하는 비율도 높다. 통계 자료는 자산의 규모를 7개 단계로 세분화해 분석했는데, 방문 횟수나 거래 채널 비율 값이 급격히 달라지는 것은 자산 규모가 1억 이상의 자산을 보유한 경우라 할 수 있다.

여기서 사용자 그룹을 나눌 수 있는 또 다른 기준이 자산 규모가 될 수 있다는 것을 알 수 있다. 은행이 디자인 프로젝트의 클라이언트라고 했을 때는, 클라이언트에게 의미 있는 사용자는 거래가 활발한 사용자다. 그렇다면 자산 규모가 1억 이상인 사용자를 목표 사용자로 설정하는 것이 바람직하다.

목표 사용자에 대한 데스크 리서치

이제 목표 사용자 그룹을 결정하는 요소가 연령, 자산 규모, 이용 금융 거래 채널임을 알았고, 이를 기반으로 목표 사용자 그룹을 정했다. 하지만 이 사용자 그룹이 은행에서 어떤 업무를 진행하는지, 이들의 금융 지식이 어느 정도인지, 금융 제도의 차이로 인해 이들에게 어떤 문제가 발생할지 등은 알지 못한다. 이는 목표 사용자에 대한 리서치를 통해 알 수 있는 부분이다. 실제 필드 리서치에 앞서 인공지능을 통한 조사로 데스크 리서치

(Desk Research)를 진행해 보자.

챗GPT에게 "목표 사용자 그룹이 어떤 은행 거래를 하고 있는지"를 질문하면, 4가지 기준을 바탕으로 답변을 생성했다. 1) 대면 거래와 비대면 거래 중 어떤 거래를 선호하는가? 2) 모바일 앱을 통한 금융 거래가 가능한가? 3) 수익성과 안정성 중 어떤 것을 중요하게 생각해 금융 상품을 선택하는가? 4) 이들 목표 사용자 그룹을 위한 금융 상품은 어떤 것이 있는가. 이 리서치의 경우 이들 기준에 대한 기존 자료가 존재하기 않았기 때문에 각 기준에 대한 답변은 큰 의미가 없었다. 다만, 이러한 기준은 앞으로 사용자 리서치를 통해 목표 사용자에 대해 알아볼 수 있는 기준이라는 점에서 의미가 있다. 인공지능을 통한 데스크 리서치는 실제 데이터 유무에 따라 그 가치가 달라지는데, 이 경우처럼 실제 데이터가 존재하지 않더라도 데이터를 구분하고 분류하기 위해 인공지능이 제시한 기준은 추가 조사에 대한 가이드라인이 될 수 있다.

인공지능을 통한 정보 탐색에서의 주의점

이 장에서는 인공지능의 정보를 찾는 능력을 활용해 목표 사용자에 대한 다양한 정보를 얻는 과정을 서술했다.

생성형 인공지능은 기존의 검색 엔진보다 쉽고 빠르게 정리된 정보를 제공한다. 다만 우리의 목표 사용자 그룹에 대해 확인하는 과정에서도 알 수 있었듯, 인공지능의 답변을 100% 신뢰해서는 안 된다. 출처가 표기된 정보는 원본 자료를 확인해 사실 유무를 확인해야 하고, 출처 표기가 없으면 다시 한번 근거에 대해 물어볼 필요가 있다. 예를 들어, 챗GPT가 생성한 "노년층의 사용자는 단순 입출금이나 조회를 위해 ATM 및 간단한 비대면 거래를 활용한다"는 답변은 근거가 없는 답변이었다. 근거로 제시한 기사에도 그런 내용이 존재하지 않았다. 이런 경우, 답변을 그대로 사용하기보다 이에 대한 추가적인 데이터를 수집해야 한다.

생성형 인공지능과의 질의응답을 통해 얻는 것은 정답이 아니라 힌트에 가깝다. 우리가 얻고자 하는 결론은 현재 수준의 인공지능에서는 도출되기 어려운 경우가 대부분이었다. 하지만 어떤 결론에 도달할 수 있을지에 대한 힌트를 얻는다고 본다면, 의미가 없지는 않다. 이를 활용하기 위해서는 얻어 낸 답변들을 바탕으로 종합적으로 생각하고 분석해 내는 능력이 필요하다.

디자인 프로세스에서의 판단은 디자이너의 몫일 수밖에 없다. 노년층의 연령대가 광범위해서 범위를 좁혀야 한다면, 어떤 연령대가 적합할 것인가 하는 문제에 대해 인공지능은 답을 낼 수 없다. 디자인 프로젝트의 목적에 맞게 특정 연령대를 선택해야 하는 것은 디자이너가 해야 할 일이다.

참고문헌

챗GPT. https://chatgpt.com/

통계청(2023). 고령자통계, https://kostat.go.kr/board.es?mid=a10301010000&bid=10820&list_no=427252&act=view&mainXml=Y

통계청(2022). KOSTAT 통계플러스 2022년 봄호, https://kostat.go.kr/boardDownload.es?bid=11918&list_no=417492&seq=1

02
관찰

관찰은 사용자의 특징을 눈으로 확인해 사용자 경험을 조사하는 방법이다. 생성형 인공지능을 통해 관찰, 연구, 목표 및 계획을 수립하는 과정을 설명했다. 아울러 사용성 평가 관찰을 위한 인공지능 툴들을 소개했다.

AI와 MBTI?

관찰은 기본적인 사용자 리서치 방법 중 하나로, 사람이나 사물, 환경, 사건, 행동, 상호작용 등의 현상을 주의 깊게 살펴보고, 그에 대해 체계적으로 기록하는 방법이다(Rogers et al., 2011). 큰 의미에서는 연구자가 직접 눈으로 관찰하지 않고도 사용자의 행동을 유추해 낼 수 있는 다이어리 기법 같은 것도 간접적인 관찰에 포함하기도 하지만, 이 장에서는 연구자가 직접 눈으로 관찰하는 것만을 다루고자 한다.

관찰에는 사용자의 실제 생활 속에 연구자가 뛰어들어 관찰하는 에스노그래피(Ethnography)나 섀도잉(Shadowing) 같은 자유도가 높은 방법이 있는가 하면, 연구자의 실험 환경에 사용자를 초대해 정해진 과업(Task)을 수행하도록 하는 행동 분석이나 사용성 분석 같은 통제된 방법도 있다.

관찰 연구 목표 수립

관찰 연구를 수행하기 위해서 가장 먼저 해야 할 일은 연구 계획을 수립하는 일이며, 연구 계획에서 가장 중요한 것은 목표 수립이다. 많은 경우, 구체적인 연구 목적 없이도 필드에 나가면 몰랐던 특별한 무언가를 발견할지 모른다는 기대를 가지거나 연구 방법 그 자체에 의미를 두기도 한다. 이런 경우, 연구자의 머릿속에 이미 알고 있던 것 이상의 결과를 얻기가 어렵다.

연구 목표는 프로젝트 전체의 목표에 따른다. 우리의 프로젝트에서 사용자 연구는 노년층의 사용자를 잘 이해해 그들이 필요로 하는 뱅킹 서비스를 만들기 위함이다. 이를 위해, 가장 먼저 목표 사용자 그룹을 정의하고, 이에 대한 데스크 리서치를 진행하면서 가지고 있었던 궁금증을 해결해야 한다. 예를 들어, 챗GPT가 근거 없이 단정적으로 말했던 것들은 사실 확인이 필요하다. 노년층은 입출금 및 이체 같은 단순한 금융 업무의 경우, ATM 기기나 다른 채널의 비대면 거래를 수행하며, 금융 지식이 필요한 상품 가입 같은 거래는 대면 거래를 필요로 한다는 챗GPT의 답변은 정확한 근거는 없었지만, 그럴듯하다. 단순히 이것이 사실인지 거짓인지를 확인하는 것에 그치지 않고, 이를 바탕으로 보다 구체적인 사용자의 니즈를 파악할 필요가 있다.

1) 입금, 출금 및 계좌 이체 거래에서 사용자는 어떤 채널을 자주 사용하며, 그 이유는 무엇인가? 다른 채널을 사용하지 않는/못하는 이유는 무엇인가?

2) 대면 거래가 반드시 필요한 거래는 무엇인가? 어떤 부분에서 도움을 필요로 하는가?

위와 같이 챗GPT의 그럴듯한 답변(정확히는 근거가 없기 때문에 가설에 해당)을 조금 더 세분화해 질문을 만들면 관찰 연구에서 확인해야 할 부분이 보다 정확해진다.

관찰 연구의 목표를 수립하는 데도 인공지능의 도움을 받을 수 있다. 먼저 프로젝트 개요를 설명하고, 수행할 연구 방법이 관찰 기법인 것을 밝히면서 목표 수립을 요청해 보자. 정보를 탐색하는 것과 달리 이번에는 예시를 제시해 보다 정확한 답변이 나올 수 있도록 한다.

> 프롬프트: 한국의 ##세 이상의 자산이 #억 원 이상 가진 노년층을 위한 뱅킹 서비스를 디자인하려고 해. 사용자를 잘 이해하기 위해 관찰 연구를 진행하고자 하는데, 관찰의 연구 목표를 세워 줘. 예를 들어, "계좌 이체의 빈도와 이체 대상, 자주 사용하는 이체 거래 방법을 확인한다"와 같이 정의해 줘.

위의 프롬프트처럼 예시를 제시하면, 인공지능은 제시한 예시와 유사한 수준의 연구 목표를 정의해 준다. 연구자는 이렇게 생성된 연구 목표를 발췌, 수정 및 보완해 사용하면 된다. 프로젝트 목표에 맞게 추가하고 싶은 부분이 있다면, 이를 제안해 수정하도록 요청할 수도 있다.

관찰 연구 수행 계획 수립

관찰 연구 목표가 정의되었다면, 이제 구체적으로 어떻게 관찰 연구를 진행해야 할지에 대한 계획을 수립해야 한다. 이를 위해 챗GPT에게 정의된 연구 목표를 알리고, 제한 조건인 비용과 시간을 제시한 뒤, 수행하고자 하는 관찰 방법에 대한 계획을 수립해 달라고 요청할 수 있다. 이때, 프롬프트에 제약 조건을 자세히 기술해야 현실 적용 가능한 답변을 얻을 수 있다.

> 프롬프트: 위에 수립한 연구 목표를 달성하기 위해 관찰 연구를 수행하려고 해. 목표 사용자 그룹은 ##세 이상 #억 원 이상의 자산을 가진 노년층이야. 우리는 2주 동안 섀도잉 기법으로 5명의 사용자를 관찰하고, 1주 동안 10명의 사용자의 주요 금융 거래 주요 과업에 대한 과업 분석을 수행하고자 해. 이를 수행하는 데 필요한 계획을 세워 줘. – 필요한 연구 수행자의 인원과 역할 분담을 해 줘. – 연구 목표에 맞게 섀도잉 기법의 주요 체크 포인트를 알려 줘. – 연구 목표에 맞게 과업 분석에서 확인할 과업 리스트를 뽑아 줘. 참여자 1명이 전체 과업을 1시간 이내로 수행할 수 있어야

해. – 전체 연구 기간인 3주간의 일정 계획을 세워 줘.

관찰 계획을 세울 때에는 먼저 목표를 명확히 밝혀야 한다. 앞서 챗GPT와 나눈 대화를 통해 이미 알 수 있지만, 목표 사용자 그룹을 밝힌 뒤, 필요에 따라 연구 수행 기간, 수행에 필요한 인원 제약, 예산 등을 제시할 수 있다. 또 관찰에는 다양한 기법이 존재하므로, 수행하고자 하는 기법을 제시하고, 이에 필요한 계획 요소를 요구한다. 이를 통해 생성된 관찰 계획은 필요한 부분만 발췌해 사용하거나, 수정을 요청해 나가며 완성도는 높인 뒤 사용하면 된다.

사용성 평가를 위한 인공지능 플랫폼

관찰 연구에서 인공지능의 도움을 받을 수 있는 부분이 계획 수립에만 있는 것은 아니다. 통제된 환경에서의 관찰 방법인 과업 분석은 실제로 사용자에게 특정 과업을 수행하도록 하고, 그 과정을 관찰한다. 이를 사용성 평가(Usability Test)라고도 하는데, 이를 수행하고 분석하는 데 도움이 되는 인공지능 툴들이 많이 등장하고 있다.

룩백(Lookback)은 실제 사용자와 사용성 평가를 진행할 수 있는 플랫폼이다. 실험 참가자와 대화를 하며,

실제로 사용자가 어떤 표정과 제스처를 취하는지, 화면의 어디를 터치하는지 알 수 있다. 사용성 평가를 관찰하는 과정에서 사용자의 드러나지 않는 생각을 확인하기 위해 사용하는 소리 내어 생각하기(Think aloud) 기법을 적용할 때에도 룩백이 제공하는 실시간통화(LiveShare) 기능은 유용하다. 룩백에서는 실시간 통화 없이 참여자가 편한 시간에 참여하도록 한 뒤 단계별 과업을 제시하고 이를 해결하는 과정을 기록하는 보다 단순한 형태의 실험도 가능하다.

메이즈(Maze)는 어도비 XD(Adobe XD), 피그마(Figma), 스케치(Sketch) 같은 프로토타이핑 툴에서 작성된 디자인을 참가자들에게 제공해 과업을 수행하게 한 뒤, 사용자의 경로, 작업 성공률과 작업에 소요된 시간 등을 확인해 제공한다. 현 시스템의 문제점을 찾을 때도 사용할 수 있지만, 프로토타이핑 툴에서 사용 가능하기 때문에 디자인 안을 평가할 때도 유용하다.

UX트윅(UXtweak)은 화면 인터페이스에 대한 실험을 넘어서 물리적 인터랙션까지 관찰할 기회를 제공한다. 스크래치(Scratch) 같은 프로토타이핑 툴을 활용해 인터랙션을 구성하고, 이를 참가자에게 제공해 사용하는 과정을 관찰할 수 있다. 이때, 화면 녹화와 음성 녹음뿐 아니라 참가자 얼굴을 녹화해 제공한다. 그뿐만 아니라 참가자가 어디를 클릭했는지 표현한 클릭맵(Clickmap)과 사용자가 어느 부분에 오래 머물러 있었는지를 표현한 히트맵(Heatmap)을 제공하는데, 이는 사용성 평가의 정량적 분석에 중요한 자료다.

참고문헌

챗GPT. https://chatgpt.com/

Lookback. Usability Test,
https://www.lookback.com/usability-testing-with-lookback

Maze. Prototyping Test,
https://maze.co/features/prototype-testing/

Rogers, Y. et al.(2011). *Interaction desgin: Beyond human-computer interaction*. 3rd Edition. Wiley.

UXtweak. Prototyping Test,
https://www.uxtweak.com/prototype-testing

03
인터뷰

인터뷰는 사용자의 언어적 의사 표현을 통해 사용자의 문제와 필요를 파악하는 조사 방법이다. 인터뷰 형식에 맞는 계획을 수립하고 질문을 구성하는 과정에서 생성형 인공지능을 이용하는 방법을 서술했다. 더불어 인터뷰를 수행하고 분석하는 데 유용한 인공지능 툴을 소개했다.

AI와 난임 극복?

인터뷰는 사용자로부터 직접 설명을 듣는 조사 방법으로, 조사자가 질문을 하면 참가자가 이에 답하는 방식으로 진행된다. 관찰이 사용자의 행동 패턴이나 무의식적인 행동 등 시각적으로 드러나는 것들을 확인하는 것이라면, 인터뷰는 사용자가 의식하고 있는 생각, 의견, 가치관 등을 언어적으로 표현하는 것이라 할 수 있다(Holtzblatt et al., 2005).

인터뷰의 질문은 예/아니오로 응답 가능한 닫힌 질문과, 자유로운 형태로 응답 가능한 열린 질문으로 구분할 수 있다. 닫힌 질문으로만 인터뷰를 구성한다면 설문 조사와 다를 바 없을 뿐 아니라 분석하기는 쉬우나 사용자 개개인에 대한 깊은 이해를 하기엔 부족하다(조성봉, 2020). 반면 열린 질문은 인터뷰 진행자가 예상하지 못한 뜻밖의 결과를 얻을 수 있는 반면, 참여자 입장에서는 쉽게 답하기 어려워 심리적 부담을 느낄 수 있고, 참여자 태도나 진행자의 능력에 따라 답변의 수준이 달라질 수 있다. 따라서 열린 질문과 닫힌 질문을 적절하게 배합하되, 참가자의 성향에 따라 조사자가 질문의 깊이를 조절하는 것이 좋다.

일대일 인터뷰와 포커스 그룹 인터뷰

인터뷰는 인터뷰에 참여하는 사람의 수에 따라 일대일 인터뷰와 포커스 그룹 인터뷰(FGI, Focus Group Interview)로 나눠진다. 일대일 인터뷰는 말 그대로 인터뷰 진행자와 한 명의 참여자의 일대일 문답으로 진행된다. 일대일 인터뷰는 참여자에 대한 깊은 이해를 얻기는 좋으나, 참여자 입장에서는 심리적 부담이 포커스 그룹 인터뷰보다 크다. 포커스 그룹 인터뷰는 한 번에 여러 참여자를 대상으로 인터뷰가 진행되기 때문에 참여자 개개인이 가지는 부담은 적고, 다른 참여자들의 의견을 통해 혼자서는 찾아내지 못했던 자신의 생각을 말할 수 있다는 장점이 있다. 다만, 참여자들이 논제를 벗어나기 쉽고 특정 참여자만 의견을 말해 분위기를 주도하기 쉽다는 단점이 있다.

그렇다면 우리의 목표 사용자 그룹인 노년층에게는 어떤 인터뷰 방식이 적합할까? 챗GPT를 통해 목표 사용자 그룹의 인터뷰 형태에 따라 연구 목적을 수립해 달라고 요청하면, 각 인터뷰 방식에 따른 연구 목표를 생성해 준다. 이를 검토한 후 수정이 필요하다면 이를 요청하고, 각 인터뷰 형태에 따라 목적에 맞는 인터뷰 질문을 생성할 수 있다.

인터뷰 질문 구성

연구 목적과 인터뷰 진행 시간을 제시하고, 일대일 인터뷰 질문을 작성하도록 챗GPT에게 요청하면, 제시한 시간에 맞춰 세션을 구성해 인터뷰 질문들을 생성해 준다. 생성된 인터뷰 질문들은 그럴듯해 보이지만 사실 빈틈이 많다. 따라서 제시된 질문을 바탕으로 각 질문을 세분화하고, 빠진 질문들을 보충해야 한다. 또한 챗GPT가 구성한 세션과 세션별로 할당된 시간은 파일럿 테스트(Pilot Test)를 통해 검토되어야 한다. 정리된 인터뷰 문항으로 파일럿 테스트를 진행했을 때 처음 제시한 시간을 넘기는 경우가 많다면, 불필요하거나 우선순위가 낮은 질문을 삭제해야 한다.

만약 인터뷰 진행자가 인터뷰 경험이 적다면 다양한 태도를 가진 사람들을 대상으로 파일럿 테스트를 해 보는 것이 중요하다. 이때 인터뷰 참여자가 적극적인 경우, 하나의 인터뷰 질문에 소요되는 시간이 길어지고, 그 반대의 경우는 짧아진다는 점을 기억해야 한다.

인공지능을 활용한 인터뷰 수행 및 분석

인터뷰를 수행하고 얻은 데이터를 분석하는 과정에서 다양한 인공지능 툴의 도움을 받을 수 있다. 먼저, 같은 공간에 있지 않아도 실시간 인터뷰를 진행할 수 있도록 하는 기능은 가장 보편적인 화상 회의 플랫폼들을 통해 지원받을 수 있다. 줌(Zoom), 마이크로소프트의 팀스(Teams)나 구글 미트(Meet) 같은 무료 화상 회의 도구들을 이용하면 지구상 어디인가 있는 사용자와 쉽게 만날 수 있다.

실시간 인터뷰와 달리 비동기(非同期. Asynchronous) 인터뷰는 인터뷰 참여자가 자신이 원하는 시간에 인터뷰를 참석할 수 있고, 특정 답변을 뒤로 미루거나 먼저 답하는 것이 가능하다. 또, 한 번에 모든 인터뷰를 진행하지 않아도 된다. 룩백이나 더브테일(Dovetail) 같은 인터뷰 전문 툴을 이용하면 비동기 인터뷰를 수행할 수 있다. 다만, 비동기 인터뷰의 경우, 인터뷰 참여자의 답변에 따라 더 깊이 있게 인터뷰 질문을 추가할 수 없다는 점에서 질적 연구에서 제약이 있다.

인터뷰 과정에 대한 음성 및 영상 녹화 기능은 대부분의 인터뷰 전문 툴과 화상 회의 도구에서 제공한다. 인터뷰 과정에 대한 녹화는 전사(Transcript)를 위해 필요하지만, 개인정보 보호나 연구 윤리 측면에서는 매우 까다로운 부분이다. 특히 참여자의 신원을 식별할 수 있는 얼굴을 녹화하는 경우가 그렇다. 그렇기 때문에 음성 녹음을 포함해 영상을 녹화할 경우, 반드시 참여자의 동의가 필요하다.

인터뷰를 분석하는 과정은 광대한 자료를 다뤄야 하기 때문에 인터뷰 수행 시간보다 몇 배의 시간이 소요된다. 인터뷰에서 얻은 데이터를 분석하기 위해 가장 먼저 해야 할 일은 인터뷰 녹취록을 작성하는 것이다. 예전에는 녹음된 음성 파일을 들으며 수기로 작성해야 했으나 음성 인식(Speech recognition) 기술이 발전하면서 음성 변환(Voice to Text)을 해 주는 다양한 툴들이 등장했다. 음성 파일을 가지고 있다면 이러한 도구들을 활용해 몇 초 안에 전사 작업을 할 수 있다.

유저 테스팅(User Testing)에서는 인터뷰 후 별도의 전사 작업을 요청하지 않아도 자동으로 전사를 해 녹취록을 만들어 준다. 다만 영어가 아닌 언어의 경우 정확도가 떨어진다는 단점이 있다. 룩백과 더브테일에서는 실시간 인터뷰 중 실시간 전사 및 태깅 기능을 제공한다. 이는 사후 분석뿐 아니라 인터뷰 진행 도중에도 답변의 키워드를 추출해 내기 때문에 진행자가 흐름을 파악해 심층적 질문을 더할 수 있도록 돕는다. 룩백은 영어 이외의 언어 지원이 제한적이지만, 더브테일은 한국어를 지원하고 있어 활용하기에 좋다. 룩백, 유저 테스팅, 더브테일 같은 인터뷰 전문 툴들은 인터뷰 전사 작업을 넘어서 결과 분석까지 자동으로 처리해 준다는 점에서 인터뷰 분석 시간을 대폭 줄여 준다.

인터뷰 수행에서 필요한 또 다른 기능은 참여자 모집이다. 관찰, 인터뷰 등의 사용자 연구를 진행할 때 가장 어려운 점이 참여자를 모집하는 것이다. 참여자 모집만을 위해 거금을 들여 리크루팅 업체를 활용하기도 한다. 사용자 연구를 지원하는 여러 플랫폼에서 참여자 모집 기능을 제공하는데, 대표적으로는 룩백과 유저 테스팅이 있다. 이들은 플랫폼 내 사용자를 모집하는 기능을 제공하거나 사용자 패널을 자체 제공한다.

마지막으로, 인터뷰 수행에서 사용자 연구 플랫폼을 통해 도움을 받을 수 있는 기능은 협업 기능으로, 많은 사용자 연구 플랫폼들이 이 기능을 제공하고 있다. 사용자 연구에서는 분업으로 진행되는 세부 연구들이 서로 영향을 미치기 때문에 데이터 공유는 필수적이다. 인터뷰의 경우, 여러 인터뷰가 동시에 진행될 경우가 많은데, 각 인터뷰를 담당하고 있는 연구자가 자신이 진행한 인터뷰의 결과만을 알고 있다고 가정하면 전체가 아닌 부분만을 이해하고 있기 때문에 폭넓은 관점에서 깊이 있는 연구를 하기 어려울 수 있다. 따라서 각 인터뷰 결과는 실시간으로 팀 전체에 공유되어야 한다. 메이즈는 팀이 인터뷰 결과를 공유할 수 있도록 보고서를 생성하거나 결과를 시각화해 주기도 한다. 인터뷰를 지원하는 대부분의 인공지능 툴들은 협업 도구를 통해 실시간 협업이 가능하도록 돕는다.

참고문헌

조성봉(2020). 『이것이 UX/UI디자인이다』. 위키북스.

챗GPT. https://chatgpt.com/

Dovetail. https://dovetail.com/

Google Meet. https://meet.google.com/

Holtzblatt, K. et al.(2005). *Rapid contextual design: A how-to guide to key techniques for user-centered design*. Morgan Kaufmann.

Lookback Interview, https://www.lookback.com/moderated-interviews-with-lookback

Maze. Prototyping Test, https://maze.co/features/prototype-testing/

Microsoft Teams. https://teams.microsoft.com/

UserTesting. https://www.usertesting.com/

Zoom. https://zoom.us/

04
다이어리와 그 밖의 사용자 리서치 방법

다이어리 기법을 수행하기 위해 계획을 세우고 다이어리를 디자인하는 과정에서 생성형 인공지능을 활용하는 방법을 다루었다. 또한 문화 조사 연구에서 생성형 인공지능의 도움을 받아 디자인하는 방법을 예시와 함께 설명했다. 마지막으로 설문 조사를 수행할 수 있는 디지털 플랫폼을 소개했다.

AI와 사주?

관찰과 인터뷰 외에도 다양한 사용자 연구 방법들이 존재한다. 이들을 수행함에 어떻게 인공지능의 도움을 받을 수 있을지 알아보자.

다이어리 기법

사용자 연구 방법 중 다이어리 기법은 연구 참여자들에게 일기를 쓰도록 하고, 이를 통해 사용자가 겪는 어려움이나 필요를 확인하는 방법이다. 다이어리 기법은 사용자의 일상을 직접 관찰하지 않지만 그들의 기록을 통해 일상을 엿볼 수 있기에 간접 관찰 기법이라고도 할 수 있다. 목표 사용자 그룹이 흩어져 있어서 한 장소에서 연구하기 어렵거나 직접 만나기 어려운 경우에 유용하며, 직접 관찰 기법보다 시간과 노력이 덜 들고, 오랜 기간 관찰할 수 있다는 장점이 있다. 다만, 연구 참여자가 스스로 기록을 하기 때문에 참여자에게 너무 의존적이어서 지속적으로 기록할 수 있도록 유도하는 장치가 필요하다(Baxer et al., 2015).

연구 주제가 구체적이지 않지만 목표 사용자 그룹만 정해져 있는 경우에는 참여자에게 특별한 요구 없이 매일 일과가 끝났을 때 하루의 일기를 특정 기간 동안 쓰도록 한 뒤, 이를 통해 사용자 그룹에 의미 있는 것들을 분석하기도 한다. 이러한 기본적인 다이어리 기법은 참여자에게 자유도를 주지만, 참여자 입장에서는 무엇을 얼마나 자세히 기록하는 것이 좋을지에 대한 막막함을 느낄 수도 있다.

참여자에게 최소의 부담을 주면서도 연구자가 필요로 하는 것을 최대로 얻기 위해서는 다이어리의 디자인이 필요하다. 참여자가 백지의 종이에 일기를 쓰는 것이 아니라 어떤 내용을 써야 할지 매일 제시해 주는 일기장을 만들어 제공하는 것이다. 참여자에게 제공할 일기장을 시각적으로 디자인하기 전에, 먼저 다이어리 기법을 통해 사용자에게 어떤 정보를 얻는 것이 필요할지를 인공지능을 통해 알아볼 수 있다. 챗GPT에게 목표 사용자그룹과 프로젝트 개요를 설명하고, 다이어리를 활용한 연구에 대한 목표 설정과 이를 확인하기 위해 다이어리 연구 참여자가 기록해야 할 내용을 요청했다. 단순히 다이어리를 통해 무엇을 작성하도록 하면 좋겠느냐는 질문만을 던지지 않고 목표를 함께 요구한 것은, 각 질문의 목적을 파악하기 위함이다. 이때, 인공지능이 수립한 연구 목적에 변경이 필요하다면 이에 대한 수정을 요청하면서, 수정된 연구 목적에 따른 다이어리 작성 항목을 다시 생성해 달라고 요청하면 된다.

이러한 과정을 통해 다이어리 작성 항목을 완성했다면, 이를 시각화해야 한다. 간단히 설문 조사처럼 글자와 빈칸으로 구성해 작성하도록 하는 방법도 있지만 참여자의 적극적이면서도 지속적인 참여를 위해서는 다이어리의 시각적인 어필도 필요하다. 보기 좋은 떡이 먹기도 좋다는 속담도 있듯, 시각적으로 아름다운 다이어리는 참여자로 하여금 참여하는 연구에 더 관심을 가지게 할 수 있다. 다만, 다이어리를 디자인한다는 것은 단지 같은 정보를 작성하게 하는 데 보기 좋게 꾸미는 것만을 의미하지 않는다. 사진 같은 시각적 자료를 통해 사용자에게 힌트를 제시할 수 있다. 예를 들어, 어린아이들 사진을 통해 가족에 대한 이미지를 떠오르게 할 수도 있다. 그뿐만 아니라, 같은 정보를 작성하게 하더라도 어떻게 입력하게 하는 것이 참여자가 쉽게 작성할 수 있느냐에 대한 고민이 필요하다. 예를 들어, 오늘 이용한 금융 서비스에 대한 만족도를 확인하고 싶다면, 5점 만점 척도에 몇 점인지 체크하도록 하면 되지만, 펜을 사용하지 않고도 쉽게 작성하게 하기 위해 스마일 스티커를 제공한다거나, 다이어리 작성 종이를 일부 잘라두고 접어서 표현하도록 디자인할 수도 있다. 다이어리의 시각적 디자인을 위해서는 캔바(Canva)처럼 다양한 시각 요소를 제공하고, 이미지 생성이 가능한 툴을 이용하면 편리하다. 전문적인 디자인 툴보다 사용이 간편하고, 다이어리 템플릿을 제공하는 것뿐 아니라 아이콘 등 다양한 그래픽 요소를 추가할 수 있다. 캔바에서는 인공지능을 사용해 이미지를 생성하고, 이미지를 가공할 수 있다. 또한, 다른 인공지능 플랫폼들과 연결되어 확장된 기능을 사용할 수 있다는 점에서 매우 유용하다.

문화 조사

문화 조사는 연구 참여자가 새로운 방식으로 자신의 환경, 생각, 관계 등에 대해 깨닫고 이를 표현할 수 있도록 하는 방법이다. 빌 게이버와 그의 동료들은 노년층에 대한 연구를 위해 지도, 엽서, 일회용 카메라 등을 활용한 문화 조사 기법을 제안했다(Gaver et al., 1999). 이 연구에서 엽서는 앞면에는 그림이 있고 뒷면에는 "가장 좋아하는 물건은?" 같은 다소 모호한 질문을 던진다. 또 제공된 지도와 스티커를 통해 사람을 만나는 장소나 혼자 있는 장소 등을 표시하도록 해 환경에 대한 태도를 확인한다. 이처럼 문화 조사 기법은 직접적인 정보를 수집하는 다이어리 기법과는 달리 보다 넓은 관점에서 참여자의 삶을 탐색한다. 문화 조사 기법에서의 엽서나 지도 같은 매체들은 참여자가 자신의 삶을 구성하는 경험들을 되돌아보게 하기 때문에 이러한 시각적 매체들을 디자인하는 것은 연구 목적 달성에 중요하다.

챗GPT에게 목표 사용자 그룹을 위한 새로운 뱅킹 서비스를 디자인하기 위해 문화 조사 기법을 통한 연구를 수행한다는 점을 밝히고, 이를 위한 아이디어를 요청해 보았다. 챗GPT는 다섯 개의 아이디어를 제안했다(금융 서비스 이용 경험 카드, 금융 일기, 사진 미션, 감정 카드 및 스티커 세트, 미래 금융 서비스 상상하기). 그뿐만 아니라 각 아이디어를 수행할 때 필요한 기간까지 계산해 제시해 주었다. 인공지능이 제안한 문화 조사 기법의 키트를 바탕으로 수정해 사용하면, 제로베이스(zero-base)에서 아이디어를 도출하는 것보다 빠른 시간 안에 연구 계획을 수립할 수 있다. 프롬프트에 문화 조사 기법을 통해 확인하고 싶은 점 등 구체적인 목표를 제시한다면 훨씬 더 의미 있는 키트 구성 아이디어를 얻을 수 있다.

설문 조사

설문 조사는 정해진 질문에 연구 참여자가 답을 하는 방식으로 이뤄지기 때문에 인터뷰와 매우 유사하다. 하지만 인터뷰와 달리 비대면으로 이뤄지기 때문에 많은 수의 인원이 짧은 시간 안에 참여할 수 있다. 예전에는 종이에 인쇄된 설문지를 배포하고 수거하는 형태로 진행하는 경우가 많았지만, 웹 설문 조사 플랫폼을 활용하면 응답을 받는 것뿐만 아니라 통계 분석까지 쉽게 얻을 수 있다. 설문 조사의 가장 큰 어려움은 인터뷰와 마찬가지로 응답자의 답변 수준에 크게 의존함에도 인터뷰에서처럼 진행자가 응답자의 답변을 이끌어 내기 위한 노력을 하기 어렵다는 것이다. 이로 인해 대부분의 설문 조사는 쉽게 응답할 수 있는 객관식 형태의 질문으로 대부분 구성되고, 이는 사용자에 대한 깊은 이해를 얻기 어렵다는 단점으로 이어진다. 우리의 프로젝트에 설문 조사를 활용한다면, 목표 사용자 그룹이 65세 이상 노년층이기 때문에 온라인와 오프라인 설문 조사를 모두 활용하는 것이 좋다. 온라인 설문 조사를 가장 쉽고 간편하게 활용할 수 있는 플랫폼은 구글 폼(Google Forms)이며, 응답을 엑셀 파일로 다운로드할 수 있다. 이외에도 타입폼(Typeform) 같은 설문 조사 전문 플랫폼을 통해 설문 조사를 구성할 수 있는데, 타입폼의 가장 큰 장점인 한 번에 한 문항씩 보여 주는 직관적인 설문 방식은 노년층이 부담 없이 응답할 수 있도록 한다. 또한 설문 문항에 음성과 이미지를 포함해 각 질문에 대한 이해를 도울 수도 있다.

새로운 사용자 연구 방법

UX 디자인 사용자 연구에서는 기존의 연구 방법 외에 각 프로젝트의 목표 사용자나 디자인 목표에 따라 변형된 방식의 새로운 연구 방법을 활용하기도 한다. 기존의 연구 방법을 활용할 때의 한계점과 연구 목표가 분명하다면 이를 프롬프트에 넣어 변형된 연구 방법을 제안해 달라고 요청할 수 있다.

참고문헌

챗GPT. https://chatgpt.com

Baxter, K. et al.(2015). *Understanding your users: A practical guide to user research methods.* Morgan Kaufmann.

Canva. https://www.canva.com

Gaver, W. et al.(1999). Design: Cultural probes. *Interactions,* 6(1), pp.21-29.

Google Forms. https://docs.google.com/forms/

Typeform. https://www.typeform.com

05
어피니티 다이어그램

사용자 리서치에서 얻은 데이터를 분석하는 방법 중 하나인 어피니티 다이어그램을 작성하는 과정과 그 과정에서 활용할 수 있는 인공지능 툴들을 소개했다. 특히 시각적 협업 플랫폼을 자세히 들여다보고, 인공지능으로 대체하기 어려운 과정을 짚어 보았다.

AI와 아이돌?

분석의 시작, 코딩

사용자 리서치를 통해 얻게 되는 데이터양은 방대하다. 또한 대부분 정성적 연구로, 분석하기 어려운 편이다. 정량적 연구 데이터는 통계를 통해 비교적 명확한 결론에 도달하는 반면, 정성적 연구 데이터는 의미 기반 분석을 필요로 하기 때문이다. 정성적 연구 데이터의 의미 기반 분석을 코딩(Coding)이라고 한다. 코딩의 첫 단계는 초기 데이터를 세부적으로 검토해 의미를 중심으로 단어, 문장, 문단을 분석해 초기 코드(Initial Code)를 생성하는 것이다. 인터뷰 참여자가 "은행에 직접 가면 기다려야 하는 시간이 너무 길고, 상담원의 설명을 이해하기 어려워서 힘들어요"라고 답했다면, '긴 대기 시간', '상담원의 설명에 대한 이해 부족' 등의 의미를 추출해 레이블링(Labeling)하는 것이다. 이렇게 초기 데이터에서 코드를 만들어 내는 과정을 개방 코딩(Open Coding)이라고 하고, 개방 코딩에서 도출된 코드 간의 관계를 밝혀내는 다음 코딩들로 이어진다.

개방 코딩은 분석의 첫 시작이자 시간이 가장 많이 소요되는 과정이다. 각 초기 데이터의 양이 방대하기 때문이다. 일반적으로 1시간 정도 진행된 인터뷰 내용을 글로 옮겨 쓰면 A4로 20쪽이 훌쩍 넘는다. 20명을 인터뷰

했다면 400쪽 이상의 답변을 꼼꼼히 살펴야 한다는 것을 의미한다. 소닉스(Sonix), 사운드타입 AI(SoundType AI), 노타(Notta) 같은 인공지능 기반의 전사 도구들은 음성 파일을 자동 전사해 텍스트로 변환해 준다. 더 나아가 질적 데이터 분석을 위한 전문 소프트웨어인 엔비보(NVivo)는 음성 파일의 전사뿐 아니라 코딩까지 해주기 때문에 연구자의 시간을 절약하는 데 도움이 된다.

어피니티 다이어그램이란 무엇인가

어피니티 다이어그램은 연구를 통해 관찰한 사실과 통찰을 구체화하고 의미 있게 분류하는 방법이다. 어피니티 다이어그램은 앞서 코딩을 통해 추출해 낸 코드로 어피니티 노트(Affinity Note)를 생성하고, 이를 유사도를 기반으로 분류하는 과정에서 디자인 인사이트를 얻는다. 전통적으로 어피니티 다이어그램은 포스트잇(Post-it) 한 장에 하나의 코드를 써서 벽에 붙이는 방식으로 벽면 가득 어피니티 노트를 생성한 뒤, 이를 옮겨 가며 유사한 그룹끼리 분류하는 방식으로 진행한다. 연구에 참여한 전체 인원이 함께 참여하면서 각 노트의 의미를 명확히 하고 새로운 인사이트와 아이디어까지 도출해 나가기 때문에 단순한 데이터 분석을 넘어 프로젝트의 방향을 새로이 잡는 과정이다.

디지털 플랫폼을 활용한 어피니티 다이어그램

디지털 기술의 발전으로 어피니티 다이어그램 또한 디지털 플랫폼상에서 진행되기 시작했는데, 파워포인트 같은 오피스 도구를 통해 하나의 문서를 팀원들이 동시에 작성해 나가는 수준을 넘어 디자인 협업에 특성화된 플랫폼들이 생겨나기 시작했다. 디지털 화이트보드 플랫폼인 미로(Miro)는 여러 사람이 협업할 수 있는 디지털 워크스페이스(Workspace)를 제공한다. 미로가 다른 오피스 협업 플랫폼과 다른 점은 시각적인 협업을 지원한다는 것이다. 여러 사람이 차트를 작성한다거나 맵을 그리는 등의 시각적 업무를 함께 할 수 있다. 미로에서 스페이스(Space)는 같은 그룹의 사람들과 공유되는 개별 공간이다. 그리고 각 스페이스 아래에 보드를 추가할 수 있다. 즉, 한 명의 사용자가 여러 그룹과 다른 프로젝트를 하는 경우, 프로젝트별로 스페이스를 구성하고, 하나의 스페이스 아래에 여러 작업 파일인 보드가 공유되는 상태로 작업을 진행할 수 있다.

각 보드에서는 시각적 협업을 위한 다양한 템플릿을 디자인의 단계나 특정 목적에 맞춰 제공한다. 예를 들어,

회의와 워크숍(Meeting & Workshops)에서는 회의나 워크숍에서 사용할 수 있는 템플릿을 제공한다. 빌딩 블록스(Building Blocks)는 스티키노트(Sticky Note)를 활용할 수 있는 템플릿들을 모아 제공한다. 예를 들어, 빌딩 블록스 아래 '15가지 색상의 스티키 노트 팩(15 Sticky Notes Packs Multicolored)' 템플릿의 경우 15개 색상의 스티키 노트가 제공되며, 각 스티키 노트 위에 참여자가 인사이트나 아이디어를 적으면서 함께 협업할 수 있다.

미로를 이용해서 어피니티 다이어그램을 작성하기 위해서는 빌딩 블록스 아래에 있는 템플릿 중 하나를 골라서 사용하거나, 검색 창에서 어피니티 다이어그램을 검색해 어피니티 다이어그램 전용 템플릿을 이용하는 방법이 있다. 또, 기존의 템플릿 없이 빈 공간의 보드를 생성한 뒤 스티키 노트를 추가해 사용할 수도 있다. 오프라인상에서 어피니티 다이어그램 생성 시 각 포스트잇의 컬러에도 의미가 있으므로, 온라인 작업 시에도 컬러별로 의미를 정의하고 시작하는 것이 좋다. 이때에는 미리 특정 컬러들의 스티키 노트가 시각적으로 드러나 있는 템플릿들을 사용하는 것이 편하다.

어피니티 다이어그램을 작성할 때, 미로는 디자이너들의 소통과 협업이 디지털 가상공간에서 이뤄진다는 것 외에는 별다른 차이가 없다. 어피니티 다이어그램에서 생성된 인사이트나 아이디어들은 이를 분류하는 과정에서 인공지능을 사용하기는 어렵다. 어피니티 다이어그램의 원래 목적이 자동 분류 기능으로 인해 상실되기 때문이다. 어피니티 다이어그램에서 우리는 아이디어를 정제하고 판단하지 않을뿐더러, 쉽게 분류되지 않는 노트들은 논의를 통한 분류 과정에서 새로운 인사이트를 얻어 낸다. 어피니티 다이어그램에서 인공지능이 자동으로 유사도에 맞춰 노트들을 정리해 준다면, 인사이트를 얻기 위한 수단이 사라지는 셈이 되는 것이다. 인공지능 기능이 유사도 분류 과정이 필요한 어피니티 다이어그램 템플릿에서는 제공되지 않는 이유이며, 제공이 된다 하더라도 이를 활용하지 않기를 권한다.

많은 양의 어피니티 노트가 생성되어 있을 때 이를 정리하고 기록하는 것이 필요하다면, 분류 후 정리 기능을 활용할 수 있다. 각 스티키 노트에 태그를 할 수 있는데, 분류된 그룹의 명을 이용해 태그를 하면 된다. 이후 태그별로 스티키 노트를 자동 분류 및 정렬할 수 있다. 미로의 보드는 최대 세 개까지 무료로 제공되며, 협업자의 인원 제한은 없다. 다만 스페이스를 구성하기 위해서는 스타터(Starter) 이상의 플랜을 구독해야 한다.

루시드 차트(Lucid chart)도 미로와 비슷한 기능을 제공하지만, 미로보다는 교육적 용도로 활용하도록 설계되어 있어, 시작할 때 학생인지 교육자인지를 선택할 수 있다. 교육자인 경우 담당하는 학년에 맞춰 템플릿을 제공해 준다. 루시드에서도 브레인스토밍(Brainstorming) 아래에 다양한 템플릿을 제공하는데, 이곳에서 스티키 노트를 활용해 어피니티 다이어그램을 작성할 수 있다. 노트를 작성하고 분류하는 과정은 미로와 유사하다. 미로의 보드와 같은 개념인 캔버스의 빈 공간을 더블 클릭하면 새로운 스티키 노트를 생성할 수 있는데, 하나의 스티키 노트가 선택된 상태에서 엔터 키를 누르면 해당 스티키 노트 아래에 동일한 색상의 노트가 생성된다. 또, 같은 상태에서 탭 키를 누르면 해당 스티키 노트 오른쪽에 동일한 색상의 노트가 생성된다.

노트를 모두 생성하고 분류한 뒤에는 미로와 마찬가지로 태그를 붙이고 태그별로 분류할 수 있는데, 태그가 되지 않았더라도 특정 키워드를 제공하거나 AI 창에 프롬프트를 입력해 분류하도록 할 수 있다. 또한, 전체 노트를 인공지능을 활용해 요약하도록 할 수도 있다.

참고문헌

LucidChart. https://www.lucidchart.com/
Miro. https://miro.com/
Notta. https://www.notta.ai/
NVivo. https://lumivero.com/products/nvivo/
Sonix. https://sonix.ai/
SoundType AI. https://soundtype.ai/

06
퍼소나

퍼소나는 디자인 목표 사용자를 가상 인물로 표현한 것이다. 생성형 인공지능을 통해 퍼소나를 생성하는 과정을 설명했다. 더불어 퍼소나 특화 인공지능 툴들을 소개하고, 이들을 통해 생성된 퍼소나의 특징을 서술했다. 마지막으로 퍼소나 이미지를 인공지능 툴을 통해 생성하는 방법을 소개했다.

AI와 야구?

퍼소나(Persona)는 UX 디자인에서의 목표 사용자를 가상의 인물로 설정해 사용자를 모델링하는 것을 의미한다. 앞서 목표 사용자를 연령과 자산 규모로 정의했는데, 이는 실제 목표 사용자가 어떤 사람일지에 대해서는 알려 주지 않는다. 우리의 목표 사용자를 대표할 수 있는 가상 인물을 설정하는 것은 사용자를 구체화함으로써 그들이 가진 특성과 니즈를 구체적으로 이해하는 것을 말한다. 퍼소나는 디자인 팀에 시각적으로 표현된 목표 사용자를 제공함으로써 디자인 의사 결정 과정을 돕고, 프로젝트에 참여하는 다양한 직군의 구성원들이 공통의 목표를 가질 수 있도록 돕는다(Cooper et al., 2010). 예를 들어, 수치로만 표현된 목표 사용자 "65세가 넘은 자산이 1억이 넘는 노년층"의 정보만을 가지고 소통한다면, 각자 다른 사용자의 모습을 그릴 것이다. 자산이 1억이 넘는다는 정의는 1억5천만 원을 가지고 있는 사람과 100억 원을 가지고 있는 사람을 모두 포함하므로, 어떤 디자이너는 경제적 제약을 가지고 있는 노년층을, 또 다른 디자이너는 경제적 여유를 가진 노년층을 머릿속에 그리며 디자인할 수 있다. 이러한 차이가 의사소통에 혼란을 일으킬 수 있기 때문에 팀 전체가 구체적이고 공통된 목표 사용자에 대한 인식을 가지는 것이 중요하다.

퍼소나는 가상 인물이기에, 한 명의 사람을 규정하는 모든 요소가 퍼소나의 요소가 된다. 이름, 나이, 사는 지역, 성별 등의 인구통계학적 정보는 물론이며, 기술 수준, 경제적 수준, 인간관계 등의 라이프스타일을 결정하는 특성들을 정한다. 이러한 요소들은 근거 없이 창의력만으로 만들어 내는 것이 아니다. 앞서 진행한 사용자 리서치에서 직간접적으로 만난 참여자의 데이터를 활용한다. 예를 들어, 인터뷰에서 만난 특정 참여자의 데이터가 가상 인물로 환산되기도 한다. 이때 개인정보를 그대로 가져와서 특정할 수 있도록 한다면 「개인정보보호법」에 위배되므로 조심해야 한다. 생성된 퍼소나는 클라이언트를 포함한 모든 관계자들에게 공유되어야 하는데, 향후 의사 결정에서 퍼소나의 역할이 매우 중요하기 때문이다. 또한 해당 인물의 얼굴을 포함한 특징을 보여 주는 퍼소나 이미지도 퍼소나의 중요한 요소다. 이미지는 퍼소나의 특성을 시각적으로 보여 주기 때문에 어떤 퍼소나의 요소보다도 강력한 소통의 도구다.

인공지능을 활용해서 작성하는 퍼소나

퍼소나 작성에 활용할 수 있는 인공지능 플랫폼은 다양하다. 챗GPT 같은 일반적 생성형 인공지능을 통해서도 퍼소나 작성은 가능하다. "한국의 65세 이상, 10억 이상의 자산을 가진 노년층을 위한 뱅킹 서비스에 대한 퍼소나를 생성해 달라"는 프롬프트를 넣었더니 챗GPT는 네 명의 퍼소나를 생성해 주었다. 사용자 리서치를 진행했다면, 리서치 데이터를 업로드한 뒤 이를 근거로 퍼소나 생성을 요청할 수도 있다. 챗GPT가 생성해 준 퍼소나는 각각 보수적인 금융 스타일을 가지고 있는 전통적 부유층인 65세 김영수 씨(자산 규모 30억 원, 인터넷 뱅킹보다 은행 방문 선호, 지인 추천을 중요하게 여김), 테크 친화적인 신 디지털 노년층의 66세 이정희 씨(자산 규모 15억 원, 비대면 투자 서비스 선호, 자녀들 해외 거주), 은퇴 후 사회 활동가로 일하는 사회적 가치를 중시하는 68세 박영호 씨(자산 규모 10억 원, 사회적 가치가 반영된 금융 상품 선호, 기본적인 모바일 뱅킹 가능), 그리고 럭셔리 라이프스타일을 지양하는 65세 최미경 씨(자산 규모 50억 원 이상, 패션 및 미술 애호가, 해외여행과 명품 브랜드 소비 선호)다. 생성된 퍼소나들은 자산의 규모뿐 아니라 소비 패턴을 포함한 라이프스타일, 디지털 리터러시 수준과 뱅킹 서비스 이용 패턴들을 포함하고 있다.

퍼소나 작성에 특화된 인공지능 툴들도 존재한다. 데

어즈언AI포댓("There's an AI for that")은 다양한 인공지능 도구와 서비스를 한곳에 모아 제공하는 웹사이트다. 이 사이트에서는 특정 목적에 맞는 AI를 검색해 사용할 수 있는데, 자주 사용하는 AI는 저장해 둘 수 있다. 사용자 퍼소나(User Persona)라는 검색어를 사용하면 관련 인공지능 툴이 10개 이상 나온다. 각 툴이 얼마나 많은 사람들에게 사용되었는지의 통계치는 적합한 툴을 찾는 데 도움이 된다. 퍼소나 특화 인공지능 툴들은 퍼소나의 정보를 입력하면 구체적인 퍼소나를 생성해 준다. 그중 유저 퍼소나 제너레이터(User-persona Generator)라는 툴에서 챗GPT와 동일한 입력 값인 "65세 이상의 자산 10억 이상의 한국 노년층"이라고 입력하고 퍼소나를 생성해 보았다. 유저 퍼소나 제너레이터가 생성한 퍼소나는 70세 남성 박지현 씨로 자수성가한 사업자로 묘사된다. 가족들과의 여행을 즐기고, 역사 책 읽기를 즐기는 등의 상세한 라이프스타일 묘사가 있고, 관심 있는 것, 가치관, 도전 과제, 선호하는 의사소통 방식 등이 정리되어 있다. 다만, 영어 기반 툴이다 보니, 한국인이라는 설정으로 인해 노년층인데도 태권도를 즐긴다고 설정하는 등 다소 어색한 부분이 있다.

같은 사이트에서 유저 퍼소나라는 툴을 이용하면, 제

품이나 서비스에 대한 간단한 설명만으로도 퍼소나를 생성해 준다. 노년층을 위한 뱅킹 서비스라고 입력을 하니, 68세의 여성, 에밀리 스미스라는 가상 인물을 생성해 주었다. 은퇴한 교사인 에밀리는 사별을 했고, 성인이 된 두 자녀를 두고 있는 인물이다. 생성된 퍼소나는 평소의 활동(Bio), 동기(Motivations), 목적(Goals), 고충(Pains), 디지털 리터러시(Devices), 사용 제품 및 서비스(Brand Affilations)로 구성되어 있다. 유저 퍼소나는 생성된 퍼소나에 맞는 이미지까지 제시하는데, 68세라는 나이와 상관없이 여성 인물 사진으로만 제시되었다. 사진은 "새로운 사진(New Photo)" 버튼을 사용해 변경할 수 있지만, 적절한 퍼소나 이미지를 찾기는 어려웠다.

유저 퍼소나 제너레이터나 유저 퍼소나 등의 퍼소나 특화 인공지능 툴을 이용하면 챗GPT보다 자세한 퍼소나 세부 내용을 생성할 수 있을뿐더러 퍼소나를 구성하는 요소인 니즈, 태도, 어려움 등을 퍼소나의 전형적인 프레임에 맞춰 구성해 준다. 다만, 챗GPT 같은 일반적 생성형 인공지능을 통해서도 퍼소나 프레임을 제시하거나 특정 구성 요소에 대한 요청을 하면 크게 다르지 않은 결과를 얻을 수 있다.

인공지능을 활용해서 작성하는 퍼소나 이미지

퍼소나를 작성해 본 사람이라면, 적절한 퍼소나 이미지를 찾는 어려움을 겪어 보았을 것이다. 퍼소나 이미지는 사용 정황(Context)이 드러나되 과장되지 않아야 하고, 얼굴이 잘 보여야 한다(Cooper et al., 2010). 실제 있을 법한 사용자의 이미지가 드러나야 하지만 실제 사용자의 사진을 사용해서는 안 된다. 또 저작권 문제가 없어야 한다. 이러한 조건에 잘 맞는 퍼소나 이미지를 찾는 일은 쉬운 일이 아니다. 이미지 생성 인공지능 플랫폼은 이러한 어려움을 해결한다. 달리(DALL-E) 2의 기능이 챗GPT에 포함되면서 챗GPT에서도 이미지 생성이 가능해졌다. 앞서 챗GPT가 생성한 퍼소나 중 한 명인 은퇴 후 사회 활동가로 일하는 68세 박영호 씨의 이미지를 생성해 달라고 했을 때, 챗GPT는 오피스에서 기부 계획을 검토하는 온화한 인상의 노년 신사 이미지를 생성했다. 다만, 한국인이 아닌 것처럼 보여서 수정을 요청했고, 이를 몇 초 안에 수정해서 새로운 이미지를 생성해 주었다. 이미지 생성은 많은 인공지능 툴을 통해서 가능하므로 퍼소나 정보를 자세히 넣는다면 쉽게 원하는 이미지를 얻을 수 있다.

참고문헌

챗GPT. https://chatgpt.com.

Cooper, A. et al.(2014). *About face: The essentials of interaction design.* 4th ed. Wiley.

There's an AI for that. https://theresanaiforthat.com/

User Persona. https://userpersona.dev/

User-persona generator. https://free.theresanaiforthat.com/@cherrysoreial-1/user-persona-generator/

07
경험 모델링

경험 모델링 방법 중 고객 여정 지도와 시퀀스 모델링을 다룬다. 고객 여정 지도의 내용을 작성하고 시각화하기 위해 인공지능의 도움을 받는 방법을 소개했다. 시퀀스 모델링을 위해 사용자 리서치 데이터에서 인공지능을 통해 사용자 경험의 흐름을 자동 추출하고, 이에 대한 패턴을 분석할 수 있는 툴에 대해 설명했다.

AI와 윤동주?

사용자 경험은 눈에 보이지 않는다. 보이지 않는 사용자 경험을 디자인하기 위해서는 먼저 경험이 보이도록 시각적으로 표현한다. 경험 모델링은 제품이나 서비스를 이용하는 사용자 경험을 체계적으로 분석하고 설계하기 위해 시각적으로 표현하는 것을 말한다. 사용자 경험 모델링의 여러 방법 중 하나인 퍼소나는 사용자를 구체화하는 방법으로, 앞 장에서 설명했다.

사용자 경험을 시각화하기 위해 서비스 디자인 프로젝트에서 많이 쓰는 방법 중 하나는 고객 여정 지도다. 고객 여정 지도(Customer Journey Map)는 단순히 경험의 순서를 나열하는 것에 그치지 않고, 사용자 경험의 흐름 속에서 사용자가 느끼는 감정과 문제점을 도출해 낸다(Kalbach, 2016). 서비스 디자인에서 고객 여정 지도는 서비스 터치포인트(Touchpoint: 상품이나 서비스가 고객과 만나는 접점)를 발견하고, 이를 사용자 경험의 흐름 속에서 자연스럽게 연결할 수 있도록 돕는다(Stickdorn et al., 2012).

또 다른 경험 모델링의 방법 중 하나인 시퀀스 모델링(Sequence Modeling)은 사용자 행동 패턴을 분석하고 정의한다(Holtzblatt et al., 2005). 하나의 시퀀스는 사용자 행동의 패턴으로, 하나의 목적을 위해 이뤄지는 일련의 행동 흐름이다. 특정 목적을 위한 사용자의 시퀀스들을 분석하면 문제점을 도출할 수 있을 뿐 아니라 사용자의 미래 행동을 예측할 수 있다.

인공지능을 활용한 고객 여정 지도 작성

고객 여정 지도는 사용자 행동의 흐름과 각 행동에서의 사용자의 감정, 터치포인트, 문제점 및 기회(또는 해결 방안)을 토대로 작성된다. 고객 여정 지도에 들어가는 내용들은 선행된 사용자 리서치 결과들을 바탕으로 도출되는데, 인터뷰, 관찰, 다이어리 등에서 얻어 낸 데이터들이 필요하다. 5장에서 언급한 어피니티 다이어그램을 포함해 사용자 리서치에서 얻은 데이터들을 다양한 방법으로 분석해 얻어 낸 통찰이 필요한데, 이러한 분석은 협업을 통해 이뤄지기 때문에 시간과 에너지가 많이 소모되는 과정이라 할 수 있다. 인공지능을 활용하면 이러한 데이터 분석의 과정을 상당히 줄일 수 있다. 이때, 인터뷰나 관찰, 다이어리 등의 사용자 리서치 데이터들을 있는 그대로의 로 데이터(Law data)로 입력하고 분석을 요청할 수도 있고, 디자이너들이 코딩하고 1차로 분류하는 과정을 거친 뒤 분석을 요청할 수도 있다. 다만, 로 데이터를 사용한 경우 기계적 코딩이 아닌 디자인 목표에 따라 가중치를 둔 의미 코딩 과정을 생각한 것이므로 이를 검토하는 단계가 필요하다.

한 프로젝트에서 수행한 21명의 사용자와의 인터뷰 데이터를 파일로 업로드한 뒤 챗GPT에게 특정 목적을 위한 사용자 행동에 대한 고객 여정 지도를 생성해 달라고 요청해 보았다. 한 사람당 평균 90분 정도 진행한 인터뷰였기 때문에 인터뷰 전사 내용만 해도 수백 쪽에 달하는 양이었는데, 정확도를 높이기 위해 각 사람당 인터뷰 내용을 1차 코딩한 결과인 66쪽의 문서를 업로드했다. 이 프로젝트에서 인공지능의 도움 없이 생성한 고객 여정 지도와 챗GPT에서 몇 초 만에 생성된 고객 여정 지도를 비교해 보면, 행동 단계와 고충(Pain Points)이 매우 유사하게 도출되었음이 확인되었다. 두 고객 여정 지도는 행동 단계에서 세부적인 차이를 보였다. 이는 인공지능 도움 없이 실제 고객 여정 지도 작성 과정에서 사용자의 특정 행동 단계가 중요하다는 판단하에 그 단계의 행동들이 세분화 정의되었기 때문에 인공지능이 작성한 고객 여정 지도보다 세분화된 단계로 정의했기 때문이다. 또한, 기회(Opportunities)의 경우, 프로젝트의 목표에 맞춰 생성되기 때문에 인공지능에서 생성된 고객 여정 지도와 내용에서 차이를 보였다. 인공지능의 데이터 처리 속도는 인간에 비할 바가 아니지만, 디자이너의 통찰이 데이터의 분석에 크게 영향을 끼치기 때문에 인공지능이 생성한 고객 여정 지도를 온전히 신뢰하고 그대로 사용할 수는 없다. 다만, 처음 초기 버전의 고객 여정 지도를 생성하는 데 사용한다면, 데이터 분석 단계의 시간을 절약하는 데 도움이 될 것이다.

고객 여정 지도는 사용자 경험을 시각화하는 방법이기 때문에 내용의 작성뿐 아니라 시각화하는 방법이 중요하다. 미로 같은 시각적 협업 툴은 고객 여정 지도를 시각화하는 과정에서의 협업을 돕는다. 미로에서 제공하는 고객 여정 지도는 '인텔리전트(Intelligent)' 템플릿으로, 보다 인터랙티브한 기능을 제공한다. 참여자들의 현재 참여 상태를 리스트로 보여 줘서 텍스트 상자로 참여자를 쉽게 드래그 앤드 드롭(Drag and Drop)의 인터랙션을 통해 태깅할 수 있다. 고객 여정 지도에서는 기회 요소를 생성한 뒤 해당 요소에 참여자 리스트 한 명을 드래그 앤드 드롭해 태깅할 수 있다. 이는 후속 작업의 책임을 명확히 해야 하는 경우나 협업의 참여도를 높이기 위해 사용하면 좋은 기능이다. 이 밖에도 미로는 자체 AI 툴을 제공하는데, 현 작업 공간에서의 작성된 내용을 바탕으로 요약 정리, 제품의 특성 정의, 리서치 전체 결론

정리, 회의록 작성 등을 자동으로 처리해 준다. 회의록 작성의 경우, 고객 여정 지도를 작성하면서 일어난 협업의 과정을 정리해 회의록을 작성해 주는 것이다. 프롬프트를 통해 이미지를 생성하거나 특정 내용을 작성하도록 요구할 수도 있다. 이에 더해, 작성된 내용의 문법이나 철자 수정, 축약, 재작성, 맞춤 톤으로 작성, 번역 등의 문서 작성에 용이한 기능도 제공한다.

인공지능을 활용한 시퀀스 모델링 작성

시퀀스 모델링은 사용자 경험 패턴을 추출해 하나의 패턴을 시퀀스로 정의한다. 먼저 리서치 데이터를 바탕으로 각 참여자의 일련의 경험을 엑셀 같은 스프레드시트에 정리하고 여러 참여자의 경험 흐름을 비교한다. 그리고 같은 목적을 가진 경험 흐름을 추출해 패턴으로 정의한다. 이 과정은 다양한 리서치 방법에 참여한 참여자들의 경험을 일일이 정리해야 하기 때문에 상당히 많은 시간이 소요되는 작업이다.

시퀀스 모델링 각 단계에서도 인공지능의 도움을 받으면 시간과 노력을 많이 줄일 수 있다. 먼저, 사용자 리서치에서 얻은 로 데이터에서 시간순으로 경험 요소를 추출해 작성하는 데 드는 시간을 줄일 수 있다. 챗GPT

같은 생성형 인공지능에 인터뷰 전사 기록(Transcript)이나 관찰 노트를 업로드하면, 업로드된 문서에서 시간 관련 정보를 추출해 시간에 따른 사용자 행동과 설명, 행동 주체, 위치 등의 메타 데이터를 자동 정리해 준다. 이렇게 정리된 데이터를 스프레드시트 형식으로 저장해 달라고 요청하면 된다. 이때 생성된 데이터는 완전하지는 않다. 업로드한 리서치 데이터에 누락된 정보들을 채우거나 불필요한 정보를 제거하고, 각 정보를 분류하는 작업이 필요하다. 이러한 작업을 데이터 클리닝(Data Cleaning)이라고 하는데, 이는 마이크로소프트 파워 BI(Microsoft Power BI) 같은 툴을 이용해 쉽게 작업할 수 있다. 마이크로소프트 파워 BI는 데이터 유형을 자동 감지해 특정 데이터가 해당 데이터 유형이 아닌 경우 자동 변경해 준다. 중복 입력된 데이터가 있으면 이 역시 자동 제거해 준다. 또 마이크로소프트 파워 BI는 AI 기반 감정 분석 및 자동 태깅 기능을 제공한다. 감정 분석 기능은 작성된 데이터를 바탕으로 감정을 인지하고, 이를 수치화해 준다. 자동 태깅 기능은 데이터를 그룹화해 주는 것인데, 사용자가 "은행 통장 및 도장 준비"라는 행동(이벤트)에 "준비 단계"라는 태그를 새로운 데이터로 생성해 준다.

경험을 시간순으로 정리하고 분류하는 작업이 끝나면 데이터를 통해 패턴을 추출해 내야 한다. 이를 위해 팀원들과 일일이 비교해 시퀀스를 정의해 가는 과정 또한 시간과 노력을 요구한다. 이를 위해서는 태블로(Tableau) 같은 데이터 시각화 툴을 사용하면 유용하다. 태블로에서 앞서 정리한 데이터를 불러들여 산키 다이어그램(Sankey Diagram)나 산점도(Scatter Plot)로 시각화하면, 사용자별로 경험의 흐름을 시각화할 수 있고, 이를 통해 패턴을 추출할 수 있다.

참고문헌

챗GPT. https://chatgpt.com

Holtzblatt, K. et al.(2005). *Rapid contextual design: A how-to guide to key techniques for user-centered design.* Morgan Kaufmann.

Kalbach, J.(2016). *Mapping experiences: A complete guide to creating value through journeys, blueprints, and diagrams.* O'Reilly Media.

Microsoft Power BI. https://www.microsoft.com/en-us/power-platform/products/power-bi/

Miro. https://miro.com/

Stickdorn, M. & Schneider, J.(2012). *This is service design thinking: Basics, tools, cases.* Wiley.

Tableau. https://www.tableau.com/

08
프로토타이핑

높은 수준의 프로토타입을 제작하기 위해 와이어프레임의 생성에서부터 마이크로카피 작성까지의 과정을 다룬다. 와이어프레임 생성에 유용한 인공지능 특화 툴을 소개하고, 각 툴의 장점과 한계를 설명했다. 마이크로카피 작성에서는 생성형 인공지능과 특화된 플러그인 툴을 사용했다.

AI와 한의학?

프로토타이핑은 제품이나 서비스를 디자인하는 과정에서 아이디어를 구체화하고 탐색하는 과정이다(Buxton, 2007). 아이디어를 구체화하기 위해 만들어진 물리적 또는 디지털 모형(Prototype)을 통해 아이디어를 검증해 나가는 '과정'을 의미한다. 프로토타입은 디자인 결과물이 아닌 수단이라고 보는 것이 바람직하다.

프로토타입은 충실도에 따라 낮은 수준의 프로토타입(Low-Fidelity Prototype)과 높은 수준의 프로토타입(Hight-Fidelity Prototype)으로 구분할 수 있다. 낮은 수준의 프로토타입은 간단한 스케치나 페이퍼 프로토타입(Paper Prototype)같이 빠른 시간에 적은 비용을 들여 만드는 프로토타입으로, 초기 아이디어를 빠르게 검증할 때 사용한다(Brooks et al., 2024). 낮은 수준의 프로토타입은 쉽게 고칠 수 있다는 장점이 있지만, 실제 제품과는 다르기 때문에 사용자 반응이나 현실적 검증을 하기 어렵다. 높은 수준의 프로토타입은 낮은 수준의 프로토타입과 달리 실제 제품과 유사하게 만들어지고, 실제와 비슷한 수준의 인터랙션을 제공한다. 높은 수준의 프로토타입은 전문 프로토타이핑 툴인 피그마, 어도비 XD 등으로 제작되기 때문에 제작 시간과 비용이 많이 든다. 높은 수준의 프로토타입은 제작 자체가 자원을 소모하기 때문에 수정이 쉽지 않아, 초기 단계의 유연한 수정은 어렵다. 하지만 견고한 프로토타입이기 때문에 실제 사용자로 하여금 경험하도록 하여 사용자 테스트가 가능하다. 낮은 수준의 프로토타입은 정교하지 않고 수작업으로 빠르게 진행하는 경우가 많기 때문에 굳이 인공지능의 도움을 받을 필요가 없다. 이번 장에서는 높은 수준의 프로토타입을 인공지능을 활용해 보다 쉽게 제작하는 방법을 알아보고자 한다.

인공지능을 활용한 프로토타이핑

높은 수준의 프로토타입을 제작하기 위해 가장 먼저 와이어프레임이 완성되어야 한다. 와이어프레임은 UI 구성 요소들을 시각적으로 표현한 것으로, 실제 UI와 마찬가지로 모든 요소가 배치되어야 하며, 배치된 요소들은 실제 크기는 아니더라도 합리적인 상대적 크기를 가진다(Rogers et al., 2011). 건축에서의 청사진과 마찬가지로 와이어프레임은 색을 사용하지 않고, 시각 디자인 요소는 최소화한다. 다시 말해, 와이어프레임은 정확한 픽셀 위치를 비롯한 색상, 서체 등의 시각적인 디자인 요소를 모두 포함한 그래픽 UI(GUI)와 구분된다. 그렇기에 프로토타이핑 툴을 선택할 때는 와이어프레임만을 제작하는 툴인지, GUI를 포함한 디자인까지 가능한 지, 더 나아가 인터랙션 경험이 가능한 프로토타입까지 제작할 수 있는지를 구분하는 것이 필요하다.

비즐리(Visily)는 와이어프레임뿐 아니라 GUI를 비롯한 그래픽을 포함한 디자인을 제작할 수 있다. 와이어프레임을 만들려면, "간단한 로파이 디자인(Simple lo-fi design)"을 선택해 색상과 시각적 요소를 제외한 UI 요소들만으로 화면을 구성할 수 있다. "정교한 하이파이 디자인(Polished hi-fi design)"에서는 색상뿐 아니라 다양한 인터랙션 요소들을 추가하여 실제 제품과 유사한 수준의 화면을 구성할 수 있다. 다양한 와이어프레임 템플릿을 제공하여 쉽게 기존의 틀 위에 와이어프레임을 제작할 수 있도록 할 뿐 아니라, 스크린샷 이미지를 편집 가능한 와이어프레임으로 만들어 주는 기능과 프롬프트로 생성해야 할 화면을 요청하면 와이어프레임을 제작해 주는 기능을 제공한다. 화면이 만들어지면 프로토타입 메뉴를 통해 화면 요소에 인터랙션을 추가해 프로토타입을 제작할 수 있다. 다만, 추가할 수 있는 인터랙션은 화면 전환 수준이다. 비즐리는 쉬운 인터페이스를 가지고 있어 누구나 쉽고 간단하게 프로토타이핑을 만들 수 있다. 무료 버전에서는 500크레딧이 제공되는데, 프롬프트로 생성할 때는 매번 30크레딧, 스크린샷 같은 이미지를 바탕으로 생성할 때는 매번 20크레딧이 소모된다.

갈릴레오 AI(Galileo AI)는 텍스트 입력만으로 UI를 생성해 준다. 앱 디자인을 한다면, 텍스트로 어떤 앱을 만들 것인지를 간단하게 설명하면 갈릴레오 봇이 어떤 화면이 필요하고, 각 화면에 어떤 기능이 들어갈지를 정의해 준다. 이것이 의도한 것이 맞는지 확인하고 수정이 필요하다면 수정 사항을 요청하면 된다. 간단한 텍스트 입력만으로도 정교한 수준의 와이어프레임이 생성되기 때문에 현존하는 와이어프레임 제작 AI 중에서는 가장 수준 높은 툴이라고 할 수 있다. 갈릴레오에서 생성된 디자인은 피그마에서 수정 가능하다. 피그마를 사용하지 않고 수정을 원하는 경우, 다시 수정 사항을 요청해 화면을 조금씩 수정해 나가면 된다. 이 과정은 챗GPT 같은 생성형 인공지능 사용 과정과 같다. 갈릴레오를 통해 생성된 화면들은 피그마를 통해 디자인 요소 및 인터랙션 요소를 더해 프로토타입으로 제작하면 된다. 갈릴레오는 50개의 화면 생성이 무료이며, 그 이상의 화면 제작이 필요한 경우 업그레이드가 필요하다.

인공지능을 활용한 마이크로카피 작성

마이크로카피(Microcopy)는 디지털 제품에서 사용되는 짧은 문구를 말한다. 마이크로카피는 인터페이스에서 사용자의 행동에 관련된 단어 또는 문구로서, 행동을 유도하거나 행동에 필요한 지침을 줄 뿐 아니라 행동 이후의 피드백을 제공하기도 한다(Yifrah, 2019). 사용자 경험 측면에서 마이크로카피는 사용자와 관계를 형성하고 사용성을 향상하는 등의 중요한 역할을 한다. 이 때문에 UX 라이터(UX writer)라는 전문가의 역할이 중요하게 대두되고 있다. 그도 그럴 것이 디지털 제품에서 사용자와 소통할 수 있는 문구는 공간적 제약을 받기에 일반적 글쓰기나 소통과는 다르다. 마이크로카피를 전문적으로 작성하는 UX 라이팅(UX writing)은 사용자 경험에 매우 중요하지만, 모든 UX 디자인 프로세스에 UX 라이터가 존재하는 것은 아니다. 오히려 대부분은 전문가 없이 디자이너가 이를 담당해야 한다. 디자이너가 마이크로카피를 생성해야 할 때 겪는 부담은 인공지능 툴을 통해 덜 수 있다.

마이크로카피를 생성할 때 가장 쉽게 쓸 수 있는 것은 챗GPT다. 가장 대중적인 언어 모델을 가지고 있기 때문에 디자인의 목적과 사용자의 특성, 사용 상황을 제시해 적절한 마이크로카피를 생성할 수 있다. 노년층을 위한 모바일 뱅킹 앱을 디자인한다고 했을 때, 챗GPT에게 "계좌 관리", "송금", "자동 이체 설정" 같은 용어를 노년층에 맞게 수정해 달라고 요청하니, "내 계좌 보기", "돈 보내기", "매달 자동으로 돈 보내기"를 제안해 주었다. 일반적 화면에서 보이는 문구뿐 아니라 오류 시 제시되어야 할 메시지까지 자동 생성해 준다.

라이터(Riter)는 챗GPT 기반으로 개발된 간단한 UX 라이팅 툴이다. 간단한 키워드나 설명과 목적을 설정하면 바로 문구를 생성해 준다. 예를 들어, 계좌 관리를 노년층도 이해하기 쉽게 써 달라고 하면 "나의 돈을 확인하고 관리하는 곳"이라고 풀어 써 준다. 빠르고 쉽게 마이크로카피를 생성하지만 맥락을 완벽히 이해하지 못하는 경우가 있는데, "나의 돈을 확인하고 관리하는 곳"이라는 제시어도 이러한 한계를 보여 준다. 문구의 길이의 제한이 있다면 이를 요청할 수도 있다.

프론티튜드 UX 라이팅 어시스턴트(Frontitude UX Writing Assistant)는 피그마에서 플러그인으로 사용할 수 있다. 피그마에서 이미 작성되어 있는 문구라면 해당 텍스트 박스를 선택해 초안 문구를 직접 작성할 수 있다. 선택한 텍스트의 톤, 길이, 어떤 요소에 사용되는지 등을 선택한 뒤 작성을 요청하면 새로운 문구를 작성해 준다. 또한 스타일가이드를 작성해 두면, 팀이나 회사, 브랜드에서 일관된 스타일의 마이크로카피를 사용할 수 있도록 이를 적용해 준다. 프론티튜드 UX 라이팅 어시스턴트는 피그마와 연동으로 협업이 가능하기 때문에 생성된 문구를 같은 프로젝트를 진행하는 디자이너 및 개발자들과 리뷰 및 수정이 가능하다는 점에서 매우 강력한 툴이다.

참고문헌

챗GPT. https://chatgpt.com

Adobe XD. https://www.adobe.com/ph_en/products/xd/learn/get-started-xd-design.html

Buxton, B.(2007). *Sketching user experiences: Getting the design right and the right design*. Morgan Kaufmann.

Figma. https://www.figma.com/

Frontitude UX Writing Assistant. https://write.frontitude.com

Galileo AI. https://www.usegalileo.ai/

O. Brooks, J. et al.(2024). Step-by-step: Using lowf idelity, physical prototypes of enabling technologies to gain feedback from clinicians, prior to older patients, https://doi.org/10.21606/drs.2024.355

Riter. https://riter.app/

Rogers, Y. et al.(2011). *Interaction desgin: Beyond*

human-computer interaction. 3rd Edition. Wiley.
Visily. https://app.visily.ai/
Yifrah, K.(2019). *Microcopy: The complete guide*. Nemala.

09
디자인 평가

디자인 평가는 디자인 프로세스에서 빈번하게 일어나기 때문에 짧은 시간 내에 타당한 근거를 마련하는 것이 중요하다. 사용자 리서치 없이 인공지능을 기반으로 빠르게 디자인을 평가할 수 있는 방법을 소개했다. 더불어, 국제 기준에 맞는 접근성 평가를 인공지능 툴을 통해 쉽게 할 수 방법을 설명했다.

AI와 화장품?

디자인 평가(Design Evaluation)는 디자인의 결론이 아니라 과정이다. 디자인 프로세스는 아이디어를 만들어 내고, 이에 대한 평가를 통한 개선이 반복적으로 일어난다. 초기 단계의 아이디어에 대한 평가에서부터 완성도 높은 아이디어에 대한 평가, 출시를 앞둔 최종 평가에 이르기까지 디자인 평가는 디자인 프로세스에서 계속된다. 평가는 목적에 따라 내부 평가로 이뤄지기도 하고, 사용자를 대상으로 한 리서치를 수반하기도 한다. 사용자를 대상으로 한 평가는 2장에서 다룬 사용성 평가와 유사하다. 이 장에서는 디자인 팀 내에서 진행할 수 있는 평가에서 인공지능을 어떻게 활용할 수 있을지 다룬다.

디자인 평가를 위한 다양한 인공지능 툴

전문가 평가(Heuristic Evaluaton) 툴인 휴릭스(Heurix)에서는 닐슨의 10가지 사용성 원칙에 따라 48개의 질문을 제시한다(Nielsen et al., 1990). 각 질문에 그렇다(Yes), 개선의 여지가 있다(Room to Improve), 아니다(No), 해당 사항 없다(Not Applicable)를 선택해 평가를 진행한다. 평가가 완료되면 원칙별로 디자인의 잘된 부분과 개선이 필요한 부분을 평가 결과에 따라 분석해 자동으로 결과 리포트를 생성해 준다. 평가 중 스크린샷과 노트를 추가할 수 있는데, 각 평가에 대한 평가자의 생각이나 평가 도중 얻게 된 아이디어를 정리하는 데 도움이 된다.

어텐션 인사이트(Attention Insight)는 인공지능을 활용해 시각적 요소를 분석해 디자인을 평가해 준다. 웹이나 모바일 앱뿐만 아니라, 마케팅 자료(웹 광고 또는 인쇄 광고물), 포스터, 패키지, 진열된 제품까지 분석 가능하다. 분석할 대상을 선택한 후, 이미지를 업로드하면 자동으로 분석이 되며, 시각적 주목도(Attention), 포커스(Focus), 대비(Contrast)를 이미지에 매핑해서 보여준다. 시각적 주목도는 히트맵으로 시각화해 주는데 주목도가 높은 부분은 붉게, 낮은 부분은 푸르게 표현된다. 화면 요소 중 자세히 알아보고 싶은 부분은 주요 관심 영역(AOI, Areas of Interest)으로 지정할 수 있다. 시각적 주목도 맵(Attention Map)에서 관심 영역을 사각형으로 그리고 이름을 지정하면, 해당 영역에 대한 주목도가 바로 퍼센트로 표시된다. 지정한 관심 영역들은 왼쪽 리스트에서 확인할 수 있는데, 각 영역을 선택해 개선할 방법에 대한 AI 제안을 요청할 수 있다. 포커스 맵에서는 가시성(Visibility)을 표현하는데, 가시성이 높은 부분은 밝게, 낮은 부분은 어둡게 표현된다. 포커스 맵에서 검게 표시된 영역은 사실상 사용자에게 보이지 않는 부분이다. 대비 맵은 전체 이미지를 작은 사각형들로 나누어 각 사각 영역의 대비도를 수치화해서 표현한다.

어텐션 인사이트는 명확도 점수(Clarity Score)와 집중도 점수(Focus Score)를 100점 만점으로 제공한다. 명확도 점수는 디자인이 얼마나 명확하게 전달되는지를 수치화한 것으로, 텍스트 양, 크기, 대비, 색상 등을 고려해 계산된다. 명확도 점수가 29점 이하이면 심각한 문제가 있어 사용자가 이해하기 어려운 상태이며, 30점 이상 60점 미만은 일부 요소가 혼란을 줄 수 있어 개선이 필요한 상태다. 명확도 점수가 60점 이상이면서 94점 이하인 경우 디자인이 명확하고 사용자가 쉽게 이해할 수 있는 상태이지만, 95점 이상인 경우, 지나치게 디자인 요소가 단순할 수도 있으므로 검토가 필요하다. 집중도 점수는 디자인 내에서 사용자의 시선이 특정 영역에 집중되는지를 점수화한 것으로, 높은 점수는 사용자 주의가 소수의 요소에 집중되어 있다는 것을 의미하나 낮은 점수는 여러 요소로 주의가 분산되어 있음을 말한다. 집중도 점수가 25점 미만이면 집중도가 낮아 산만한 상태이고, 75점 이상이면 특정 요소나 영역에 집중이 되어 있음을 의미한다. 25점 이상 75점 미만의 점수는 일부 요소에 집중이 되어 있지만 여전히 분산된 경향이 있으므로 개선이 필요하다. 이처럼 어텐션 인사이트는 다양한 측면에서의 디자인 평가를 인공지능을 토대로 수행하는데, 이들 결과를 하나의 결과 보고서로 다운로드할 수도 있다. 평가 요소별로 자세한 설명과 함께 점수를 제시하는 결과 보고서는 향후 대응에 유용하다.

어텐션 인사이트는 단일 디자인에 대한 분석에 그치지 않고 두 디자인 안에 대한 비교 분석까지 수행해 준다. 분석이 완료된 두 디자인은 비교(Comparison) 메뉴를 통해 비교할 수 있다. 두 디자인에 대한 명확도 점수를 비교해 주고, 관심 영역이 설정되어 있고 그 영역 이름이 같을 때 각 영역의 가시성 수치를 비교해 준다. 디자인 프로세스에서 두 가지 디자인 안이 존재하고 빠른 시간 안에 두 안에 대한 객관적 평가가 필요할 때 유용한 기능이다. 어텐션 인사이트는 가입 후 14일의 무료 체험 기간과 함께 15크레딧이 주어진다. 하나의 이미지를 분석할 때 크기에 따라 1~3크레딧이 소요된다. 어텐션 인사이트처럼 사용자 데이터 없이 인공지능 기반으로 시선을 추적하고 히트맵을 제공해 사용자의 시선이 집중되는 영역을 시각적으로 표현해 줌으로써 빠른 디자인 평가를 가능하게 하는 툴에는 뉴론 AI(Neuron AI)에서

출시한 피그마 플러그인 비주얼아이즈(VisualEyes), UX 트윅 등이 있다. 이러한 툴은 빠르고 쉽게 사용자 반응을 예측할 수 있기 때문에 디자인 평가에 유용하다.

접근성 평가를 위한 인공지능 툴

디자인 평가는 사용자의 관심을 얼마나 잘 끌 수 있느냐는 질문에 대한 답을 찾는 과정이라면, 모든 사용자가 장애 유무에 관계 없이 평등하게 사용할 수 있는지를 평가하는 것을 접근성 평가(Accessibility Evaluation)라고 한다. 여기서 접근성은 장애인뿐 아니라 노년층, 색맹, 저시력자 등 다양한 사용자를 고려한 시각적 접근성을 의미한다. 국제 웹 접근성 표준(Web Content Accessibility Guidelines, 이하 WCAG)은 네 가지 원칙(POUR)인 인지 가능(Perceivable), 조작 가능(Operable), 이해 가능(Understandable), 견고성(Robust)을 바탕으로 세워진 국제 표준으로, 법적 구속력은 없으나 접근성을 체크하기 위해 가장 많이 사용된다. 「미국 장애인법(Americans with Disability Act, ADA)」은 WCAG를 바탕으로 했으나 법적 구속력이 있어, 기업 및 공공 기관은 반드시 준수해야 한다. 한국에서는 한국형 웹 콘텐츠 접근성 지침(Korean Web Content Accessibility Guidelines,

KWCAG)이 존재하는데, WCAG가 한국 법률과 환경에 맞게 조정된 버전이라고 볼 수 있다. 출시할 나라와 서비스 대상에 따라 표준과 법적 규제에 대한 지침이 다르기 때문에 유의해야 한다.

인공지능 툴들은 접근성에 대한 평가를 쉽게 할 수 있도록 돕는다. 디자인 툴에서 플러그인을 설치해 쉽게 다양한 접근성 기준을 평가해 볼 수 있다. 스타크(Stark)는 피그마 같은 주요 디자인 툴에서 플러그인으로 설치해 사용할 수 있는 툴이다. 스타크는 색상 대비 검사(Contrast), 타이포그래피 검사(Typography), 터치 타깃 검사(Touch Targets), 색각 이상 시뮬레이션(Vision Simulator), 자동 모니터링(Automatic Monitoring) 같은 다섯 가지 검사 기능을 제공한다. 색상 대비 검사에서는 텍스트와 배경색의 대비를 기준으로 가독성을 평가해 주는데 WCAG를 기준으로 AA 등급과 AAA 등급의 대비율과 현재 디자인 안에서의 대비율을 함께 보여 주기 때문에 표준을 준수하는지 쉽게 확인할 수 있다. 타이포그래피 검사에서는 WCAG 가이드라인에서 제시하는 텍스트 크기와 간격을 제시해 주고, 현재 디자인에서의 텍스트 크기와 간격이 이를 준수하고 있는지 자동 체크해 준다. 터치 타깃 검사는 버튼이나 링크, 아이콘 등 사용자의 터치가 필요한 요소의 크기가 적절한지 확인해 주는데, WCAG 기준 AA 등급과 AAA 등급 기준을 각각 충족하는지 확인할 수 있다. 색각 이상 시뮬레이션은 9가지 유형의 색맹 모드를 제공하고 각 유형의 사용자에게 디자인이 어떻게 인식되는지 이미지로 생성해 준다. 자동 모니터링은 위 검사 기능들을 실시간으로 실시해 접근성 이슈가 발생할 때 이를 알려 준다.

참고문헌

Attention Insight. https://app.attentioninsight.com/

Heurix. https://www.heurix.io/

Neuron AI. https://www.neuronsinc.com/

Nielsen, J. & Molich, R.(1990). Heuristic evaluation of user interfaces. Proceedings of the SIGCHI Conference on Human Factors in Computing Systems, pp.249-256, https://doi.org/10.1145/97243.97281

Stark. https://www.getstark.co/

UXtweak. https://www.uxtweak.com/

VisualEyes. https://www.figma.com/community/plugin/740542057689267294/visualeyes

10
인공지능 시대의 UX 디자이너

인공지능이 UX 디자이너의 어떤 역량을 대체할 수 있는지, 그리고 대체되기 어려운 역량은 무엇인지 논했다. 인공지능을 통해 강화된 디자이너의 역량을 통해 새롭게 담당해야 할 역할을 정의하고, 이를 위해 어떤 노력이 필요한지 이야기했다.

AI와 화장품?

이 책은 인공지능 시대에 UX 디자인은 어떻게 변할 것인가에 대한 질문에서 시작되었다. 사용자 리서치부터 분석, 디자인 과정과 평가에 이르기까지 인공지능은 UX 디자인 프로세스를 변화시키고 있음을 확인했다. 지금 이 순간에도 변화하고 있는 UX 디자인 프로세스에서 UX 디자이너의 역할은 어떻게 변화할 것인가? 이 질문에 답하기 위해, 디자이너의 역할 중 인공지능이 대체할 수 있는 부분과 대체되기 어려운 부분, 그리고 인공지능이 확장할 수 있는 영역을 알아보자.

인공지능이 대체할 디자인 역량

전통적으로 디자이너들이 담당했던 많은 일 중에는 사실상 디자인 역량이나 사고와 관계없이 디자인 과정에서 필요하기 때문에 수행되는 일들이 많았다. 사용자 리서치 후 녹화된 영상이나 녹음 파일을 전사하는 일이나 프로토타이핑을 위해 프로그래밍 등의 저작에 참여해야 하는 일 등이 이에 해당한다. 자원이 풍부한 경우, 이러한 업무들이 별도의 조직에서 이뤄지기도 하지만, 결과물 전달이나 공유 과정에서의 시간이 소요되는 등 별도의 자원이 소모되므로 이 또한 디자이너들에게는 부담이 되어 왔다. 인공지능은 가장 먼저 이러한 업무들을 대체하며, 디자인 조직 내부에서도 이들을 빠르게 수행할 수 있도록 돕는다.

인공지능은 필요한 자료를 찾는 과정의 시간을 줄여 주고, 리서치 계획 수립의 틀을 빠르게 마련한다. 템플릿을 가지고 디자인을 시작하듯, 인공지능이 생성해 준 틀 위에 작업을 하기 때문에 업무 시간이 대폭 줄어든다. 그뿐만 아니라, 리서치에서 얻은 대량의 데이터를 쉽게 정리하고, 데이터 처리를 통해 유의미한 값을 찾아낸다. 통계 프로그램에 능숙하거나 데이터 분석 전문가가 되지 않아도 쉽게 데이터 분석이 가능해진다.

이에 그치지 않고 디자이너의 손이 되어 준다. 순식간에 와이어프레임을 생성해 줄 뿐 아니라, 프로그래밍 언어를 익히지 않고도 인터랙션이 가능한 프로토타입을 손쉽게 제작할 수 있도록 돕는다. 이처럼 인공지능은 디자이너의 많은 업무를 대신해 주고 있다. 앞으로 인공지능이 대체하는 업무의 영역은 넓어지고 대체된 업무의 질은 좋아질 것이다.

인공지능이 대체할 수 없는 역량

인공지능이 대체하는 디자인 업무의 양을 A라 하고, 전통적 디자이너의 업무의 양을 B라고 한다면, 현재 디자이너가 담당하고 있는 업무의 양이 B-A일까? 답은 그렇지 않다. 인공지능을 통해 빠르게 얻어진 자료와 결과들을 그대로 사용할 수 없을 뿐만 아니라, 인공지능을 활용하기 위해 새로운 업무들이 추가되고 있기 때문이다. 이 책에서 소개된 대부분의 인공지능 툴들은 그 결과를 그대로 사용하기 어렵다. 수정되어야 하고, 다른 자료로 보완되어야 한다. 이는 인공지능을 사용하지 않았을 때에는 존재하지 않았던 업무들이다.

그뿐만 아니라, UX 디자인 업무 중 과정 자체가 의미 있는 방법론들의 경우, 인공지능으로 대체가 어렵다. 과정에서 생성되는 산출물은 예측하거나 정의하기 어렵기 때문에 인공지능에게 요구하기도 어렵다. 어피니티 다이어그램은 작성된 다이어그램이 최종 산출물이 아니라 다이어그램을 도출해 나가는 과정에서 얻게 되는 인사이트와 아이디어들이 주요 산출물이다. 문제를 정의하면서 동시에 해결책을 만들어 내는, 정의하기 어려운 디자인 과정은 컴퓨팅(Computing)으로 대체하기 쉽지 않을 것이다. 어피니티 다이어그램 작성 시에도 노트를 분류하는 과정에서 이뤄지는 사고를 정의하기 어렵기 때문에, 이를 인공지능에 요청하기 어렵다. 설사 인공지능이 어느 수준의 아이디어를 도출한다고 하더라도 디자이너의 사고 능력이 이를 보완해야 한다.

이는 많은 디자인 방법론 수행을 인공지능에 의존해서 쉽게 디자이너의 업무에서 삭제해서는 안 된다는 점을 말한다. 인공지능이 쉽게 처리한 것들은 달리기에서 출발선을 조금 앞으로 당겨주거나 달리는 거리를 줄여줄 뿐, 달리기 자체를 쉬게 하는 것이 아니다. 지금보다 인공지능의 수행 능력이 훨씬 발달한다고 하더라도, 디자인의 목표를 설정하고 프로세스 전반의 통찰력을 가진 주자는 디자이너이기 때문에 모든 과정을 관리 감독해야 하는 것은 디자이너의 역할이다.

인공지능이 가져다준 기회

인공지능이 디자이너에게 주는 기회 요소는 무엇일까. 인공지능을 기반으로 하는 많은 디자인 툴은 강력한 협업 기능을 제공한다. 디자인, 특히 UX 디자인에서 협업은 매우 중요하며 수많은 디자인 의사 결정이 협업에 의해 이뤄진다. 인공지능과 디지털 기술로 인해 강력해진 협업 능력은 그동안 존재해 왔던 많은 제약 사항을 없앴다. 실시간이 아니어도 디지털 워크스페이스 공유로 협업이 가능해지면서 시간의 제약을 없앴고, 한 공간에 존재하지 않더라도 지구상 어디에서나 협업이 가능해지면서 공간의 제약을 없앴다.

인공지능이 없앤 제약은 시간과 공간의 제약만이 아니다. 그동안의 협업은 개개인의 디자이너들이 자신의 디자인 결과물을 가지고 만나서 이뤄지거나, 함께 논의 후 결정한 사항을 각자의 공간에서 디자인하는 방식으로 이뤄졌다. 다시 말해, 실제 디자인 과정에서의 협업이 쉽지 않았다. 그러나 협업 플랫폼들이 디자인이 이뤄지는 공간을 공유할 수 있게 해, 디자이너는 자신의 손뿐 아니라 다른 디자이너의 손까지도 실시간으로 볼 수 있게 되었다. 디자인 과정에 대한 공유는 개개인의 디자이너의 시야를 넓혀 준다. 그동안 자신의 디자인만 볼 수 있었다면, 다른 디자이너의 디자인 과정과 결과를 볼 수 있기 때문이다. 디자인 프로세스 안에서 분업으로부터 초래된 좁은 시야가 다시 넓어지고 있는 것이다.

완벽하지 않은 인공지능의 결과물들은 또 다른 기회를 제공한다. 디자인 프로세스가 문제를 발견하고 이를 해결해 나가는 과정이므로 허점이 있는 인공지능의 답변을 통해 이를 개선한 답을 얻기 위해 노력할 수 있다. 1장의 목표 사용자를 설정하는 과정에서 생성형 인공지능이 제공한 답변이 의문이 되었다가 연구 가설로 사용된 것처럼 말이다.

UX 디자이너의 새로운 역할

분명 인공지능의 바람은 UX 디자인 프로세스에 변화를 일으키고 있고, UX 디자이너들은 이 변화에 따른 새로운 역할을 감당해야 한다. 인공지능이 대체해 주었기에 덜어진 업무 부담과 디자인 협업 영역의 확대로 인한 시야 확장은 올라운드 플레이어(All-round Player)로의 변화를 요구한다. 기존의 UX 프로세스는 리서치와 디자인, 또는 더 작은 단계로 나누어져 실행되어 왔다. 그 속에서 한 명의 디자이너는 하나의 단계나 그 단계의 일부만을 담당하면서 전문성을 키워 왔다. 인공지능은 여기에 변화를 가져다준다. 와이어프레임과 UI 가이드라인을 작성하는 전문성을 가진 디자이너는 이제 인공지능 툴로 인해 쉽게 자신의 와이어프레임을 생성하고, 이에 대한 가이드라인은 자동으로 제작할 수 있게 되었다. 각 과정에 대한 검수가 필요하기는 하겠지만 예전에 대해 업무량이 훨씬 줄어들었다. 대신, 리서치 과정에서 이뤄지는 일들을 비롯해 심지어 같은 와이어프레임을 작성하는 다른 디자이너의 업무까지 쉽게 볼 수 있게 되었고, 내가 작성한 UI 가이드라인이 어떻게 개발되었는지까지 확인 가능하다. 전체 디자인 프로세스를 볼 수 있는 것이다. 이는 한 명의 디자이너가 담당해야 할 업무의 영역이 넓어져 각 단계에서 이뤄지는 크고 작은 산출물의 관리 및 감독까지 가능하게 한다.

이 책에서 소개된 인공지능 기술들은 지금도 변화하고 있다. 그렇기에, UX 디자이너들은 매주 새로운 인공지능 기술과 툴을 학습해야 한다. 날마다 진화하는 기능들을 익히고, 자신의 디자인 프로세스에 적용하는 노력은 계속되어야 한다. 인공지능은 디자이너를 대체할 수 없지만, 인공지능을 잘 이해하고 이를 활용하는 디자이너들은 그렇지 못한 디자이너들을 대체한다는 사실을 명심하자(Pilot, 2024).

참고문헌

Pilot, L.(2024). *AI for UX Designers: Using artificial intelligence to supercharge your workflow and build AI-powered products.*

김향아

백석대학교 디자인영상학부 산업디자인전공 부교수로 재직 중이다. 한국과학기술원(KAIST)에서 산업디자인학 학사 및 박사학위를 취득했으며, 핀란드 알토대학교에서 석사학위를 받았다. 삼성전자에서 UX 디자이너로 근무하며 선행 UX 디자인 및 표준 UX 디자인을 담당했다. 이후 학계로 전향해 UX 및 인터랙션 디자인, 서비스 디자인, 디자인 교육을 연구하며 국제 SCIE 저널 및 국내외 학술지에 논문을 게재해 왔다. 현재 컬럼비아대학교 방문연구원으로서 인공지능 기반 UX 디자인 및 인터랙션 디자인의 미래를 연구하고 있으며, 다양한 산업 및 연구 프로젝트에 참여해 UX 디자인과 기술의 융합을 모색하고 있다.